토요일의
심리 클럽

창비청소년문고 4

토요일의 심리 클럽

초판 1쇄 발행 2011년 12월 20일
초판 15쇄 발행 2021년 4월 10일

지은이 김서윤 | 그린이 김다명 | 펴낸이 강일우 | 책임편집 이지영 | 펴낸곳 (주)창비
등록 1986년 8월 5일 제85호 | 주소 10881 경기도 파주시 회동길 184
전화 031-955-3333 | 팩스 031-955-3399(영업) 031-955-3400(편집)
홈페이지 www.changbi.com | 전자우편 ya@changbi.com

ⓒ 김서윤, 김다명 2011
ISBN 978-89-364-5204-9 43180

창비청소년문고 4

심리 실험으로 탐구하는
알쏭달쏭 내 마음

토요일의 심리 클럽

글 김서윤 ● 그림 김다명

창비

차례

탄생, 토요일의 심리 클럽!

심란한 청소년을 위한
즐거운 심리학의 유혹

새 학년도 계발 활동 '심리 실험반'을 모집합니다.

내 마음을 나도 모르겠다고요?
마음이 헷갈리는 여러분을 위해 심리학이 출동했습니다.
다양한 심리 실험을 직접 체험하며 '진짜 나'를 찾아보세요.

다음의 학생을 우선 선발합니다.

→ 마음이 하루에 열두 번도 더 바뀌는 1人
→ 좋아하는 친구의 심리 상태를 알아내고자 하는 1人
→ 인간의 마음을 과학적으로 탐구해 보고픈 1人
→ 평소 심리 테스트를 즐겨 하는 1人
→ 심리학자가 되고 싶은 1人
→ 이렇다 할 꿈이 없는 1人

**마음은 빙산과 같다.
커다란 얼음 덩어리의 일부만이
물 위로 노출된 채 떠다닌다.**

— 지그문트 프로이트

안나는 학교 복도에 붙어 있는 포스터를 뚫어져라 바라보았다.

'이렇다 할 꿈이 없는 1인이라고? 그럼 딱 난데.'

심란 중학교의 새 학기가 시작된 지 나흘째 되는 날이었다. 어제 종례 시간에 담임 선생님이 각자 계발 활동 부서를 정하라고 말했다.

"우리 학교는 한 달에 한 번씩 토요일에 계발 활동 하는 거 알지? 부서 목록은 학교 홈페이지에 나와 있으니까 잘 생각해 보고 모레 신청해라. 아무거나 막 골랐다가 나중에 후회하지 말고."

안나는 집에 가서 계발 활동 부서들을 살펴보았다. 테니스반, 배구반? 운동이라면 젬병이었다. 뜨개질반, 퀼트반? 손재주도 시원찮았다. 영화 감상반, 문화재 탐방반? 이건 재미있어 보이지만 영화관과 문화재 있는 곳까지 왔다 갔다 하려면 시간이 많이 걸릴 것 같았다. 학교와 학원을 다니는 것만으로도 안나는 이미 피곤했다.

1학년 때는 영어 노래반을 택했다. 엄마 때문이었다.

"안나, 넌 영어 점수가 좀 떨어지니까 영어 노래반이 괜찮겠다. 영어도 배우고 노래도 부르고. 너 노래 부르는 거 좋아하잖아?"

사실 안나는 노래를 부르는 것보다 듣는 것이 훨씬 좋지만 영어 노래반도 그럭저럭 재미있을 것 같았다. 그래서 엄마 말대로 영어 노래반을 지원했다.

하지만 실제로 해 보니 대실망이었다. 영어 노래반에서 부르는 것은 하품 나는 추억의 팝송들뿐이었다. 노래가 재미없으니 영어 실력이 느는 것 같지도 않았다. 계발 활동 시간에 한해 사복을 입을 수 있다는 사실만이 토요일이 기다려지는 이유였다.

　올해도 엄마는 영어 노래반을 계속하라 하지만 안나는 다른 부서에 들어가고 싶었다. 그렇다고 딱 마음에 드는 부서가 눈에 띄는 것도 아니었다. 그러다 이 포스터를 발견한 것이다. 학교 홈페이지에서는 보지 못한 부서였다. 심리 실험반이라?

　안나는 이제 막 중학교 2학년이 되었다. 1학년 때보다 열심히 공부해야 하는데도 요즘 안나는 공부는 제쳐 두고 끼적끼적 낙서를 하며 보내는 시간이 더 많았다. 이러다가는 교과서까지 낙서로 뒤덮일 지경이었다. 엄마 아빠가 알면 펄쩍 뛸 것이다.

　엄마 아빠의 레퍼토리는 언제나 같았다. 의사든 변호사든 교사든 '사' 자가 들어가는 직업을 가지라고, 그러려면 성적이 좋아야 한다고. 그것이 그동안 안나의 꿈이기도 했다. 그런데 요즘 들어 자꾸 반발심이 솟았다.

　'내 인생은 내 거잖아. 내가 엄마 아빠 아바타인가 뭐. 나도 나만의 꿈이 있다고.'

　하지만 그 '나만의 꿈'이 무엇인지가 문제였다. 안나는 뭐 하나 두드러지게 잘하는 것도 없고, 그렇다고 딱히 하고 싶은 것도 없었다. 외모도 평범, 성적도 보통, 성격도 취향도 그저 무난하기만 하니 스스로가 답답했다. 꿈을 찾기 위해 무엇을 해야 할지도 모르면서 조바심만 났다. 몸은 여전히 학교와 학원을 얌전하게 왔다 갔다 하지만 마음은 잔뜩 인상을 쓰고 있었다. 이게 다 안나가 다니는 학교 이름 탓인 것만 같아 안나는 심통이 났다.

'심란(心蘭)? 마음에 핀 난초라고? 말도 안 돼. 그냥 심란(心亂)이지 뭐야. 아아, 심란해! 도대체 내 마음은 왜 이런 거야? 나 어떡하지?'

며칠 후 토요일 계발 활동 시간. 심리 실험반 교실에는 네 명의 아이만 덩그러니 앉아 있었다. 포스터에 있던 '우선 선발'이라는 말이 무색한 인원이었다. 옆에서 용이가 투덜거렸다.

"야, 박안나, 네가 재밌을 것 같다고 해서 왔더니 이게 뭐야. 완전 썰렁하잖아."

안나의 단짝 친구 용이는 공부에는 별 관심이 없고 춤에만 매진하는 아이였다. 키가 좀 작긴 해도 어쨌든 자신은 아이돌급 외모라고 굳게 믿으며 연예인 되기를 꿈꾸었다. 엄한 아빠의 반대가 심하지만 용이의 결심은 흔들림이 없었다. 작년에 용이는 방송 댄스반에 들었다. 그런데 올해 방송 댄스반이 포크 댄스반으로 바뀌자 분노의 한숨만 푹푹 내쉬다가 안나에게 이끌려 심리 실험반으로 온 것이다.

"그래도 여기서 내가 유일한 남자네. 시선을 한 몸에 받겠는걸. 좀 귀찮아도 할 수 없지. 연예인 되려면 이 정도는 익숙해져야 하니까, 헤헤."

"그래, 용아. 너한테 팬레터가 한가득 쏟아지겠구나. 아마……
세 통?"

이렇게 놀리긴 했지만 그래도 안나는 용이가 부러웠다. 공부는
잘 못해도 꿈은 확실하니까.

그때 교실 앞문이 드르륵 열렸다. 한 남자가 어험 헛기침을 하며
뚜벅뚜벅 걸어 들어왔다. 말끔히 차려입은 양복에 서류 가방. 보통
키에 약간 마른 체격. 여기까지만 보면 그냥 평범한 선생님 같지만
그 남자는 심란 중학교의 선생님이 아닌 것이 확실했다. 이 학교에
는 머리카락이 단 한 올도 없는 선생님이 없었기 때문이다! 안나
는 깜짝 놀라 남자의 반질반질한 머리에서 눈을 떼지 못했다. 다른
아이들도 그저 멍하니 보고만 있었다. 남자는 아이들의 반응을 즐
기는 듯 미소 띤 얼굴로 교실을 쓱 둘러보았다. 장난기 어린 눈동
자가 반짝였다.

침묵을 깬 사람은 용이였다.

"스님이세요?"

용이의 엉뚱한 질문에 남자는 시원한 웃음을 터뜨렸다.

"하하, 스님? 스님이 이렇게 양복 빼입고 다니는 거 봤니?"

스님이 아니라지만 짓궂게 히죽히죽 웃는 얼굴이 마치 개구쟁
이 동자승 같았다.

용이의 질문은 계속 이어졌다.

"그럼 탈모가 심하신 거예요?"

안나는 용이의 옆구리를 쿡 찔렀다. 하지만 남자는 개의치 않고 민둥산 같은 머리를 쓰다듬으며 말했다.

"내 머리가 왜 이런지 궁금한가 보구나? 일단 내 이름부터 소개할까?"

남자는 뒤돌아서서 칠판에 큼직하게 '최이고'라고 썼다.

"이게 내 이름이란다. 나로 말하자면 심리학자라고 할 수 있지. 이제 갓 대학원을 졸업한 초짜 심리학자지만 말이야. 여러분은 나 최이고와 앞으로 일 년 동안 이 심리 실험반을 함께할 거다. 사실 나도 예전에 심란 중학교 학생이었어. 지금 교장 선생님이 그때 내 담임 선생님이셨지. 지난겨울에 대학원 졸업을 앞두고 난 문득 이런 생각이 들었어. 우리 청소년들은 심리학의 진정한 가치와 진짜 즐거움을 모르고 있다! 내가 나서야겠다!"

최이고 선생님은 목소리를 높이며 주먹까지 불끈 쥐었다.

"그래서 교장 선생님께 내 결심을 간곡히 말씀드렸더니 흔쾌히 허락해 주시더구나. 그렇게 해서 이 심리 실험반이 생겨난 거란다. 단, 교장 선생님은 조건을 하나 다셨지. 수업을 맡으려면 선생님답게 용모가 단정해야 한다는 거였어. 교장 선생님을 뵈었을 때만 해도 내 머리는 이렇지 않았거든. 그때는…… 빨간 머리였지!"

저 깨끗한 대머리가 빨간색 머리카락으로 뒤덮여 있었다니. 안나는 상상이 되지 않았다.

"난 머리카락이 빨간색이든 초록색이든 좋은 선생님이 될 수 있다고 생각하지만 어쩌겠니. 교장 선생님이 고집하시는데. 그래서 깔끔하게 싹 밀어 버렸지. 그랬더니 오늘 교장 선생님이 날 보고 어이쿠 하고 이마를 짚으시던걸. 너무 감동받으셨나 보지? 자, 혹시 나에 대해 더 궁금한 게 있니?"

한 아이가 손을 들었다.

"몇 살이세요?"

"스물아홉 살. 아직은 상큼한 이십 대 청춘이란다."

다른 아이가 물었다.

"결혼하셨어요?"

"아니. 너무 열심히 공부하느라 여자 친구 사귈 시간도 없었는걸. 이제 여러분 소개도 들어 볼까? 여기 오게 된 이유도 말해 줄 것! 앞에 앉은 학생부터 차례로 이야기해 보자."

맨 앞줄에 앉아 있던 여자아이가 안경을 추켜세우고 말했다. 토요일인데도 교복을 갖춰 입고 있었다.

"저는 1학년이고 이름은 김선아예요. 공부랑 관련된 부서를 고르고 싶었는데요, 여기가 적당해 보여서 왔어요. 제가 특히 과학을 좋아하는데 심리 실험반이면 실험을 많이 할 것 같아서요."

그 뒤에 있는 또 다른 여자아이가 말했다. 앉아 있는데도 껑충하게 큰 키가 느껴졌다.

"저는 3학년 이주영입니다. 선생님은 진짜 심리학자란 말씀이죠? 저도 나중에 심리학자가 될 건데. 제가 친구가 많다 보니까 친구들 고민을 들어 줄 때가 자주 생기더라고요. 고민 상담을 잘하려면 사람 심리를 잘 알아야 하잖아요? 그래서 미니홈피에다 심리 테스트도 많이 스크랩해 놨어요. 그러다 보니까 심리학자가 되고 싶어졌고요. 그래서 심리 실험반 포스터를 보고 좋아서 방방 뛰었어요."

다음으로 용이가 싱글거리며 말을 꺼냈다. 안나에게 이끌려 별생각 없이 왔으면서도 안나보다 더 신이 난 표정이었다.

"전 용이예요, 곽용이. 2학년이고요. 여기 온 건 뭐 그냥, 아니, 심리 실험이 재미있을 것 같아서요, 히힛. 전 연예인이 될 건데 연예인은 팬의 마음을 잘 이해해야겠죠? 헤헤헤."

마침내 안나 차례였다. 안나는 잠시 고민에 빠졌다.

'다른 애들은 모두 장래 희망을 말하네. 나만 꿈이 없잖아. 나는 뭐라고 하지?'

그렇다고 없는 꿈을 즉석에서 만들 수도 없는 노릇이었다. 안나는 얼버무리기로 했다.

"저는 2학년 박안나라고 합니다. 음, 저는…… 저는요, 그냥 제 마음에 관심이 좀 생겨서요. 제 마음이 저도 헷갈릴 때가 있더라고요."

아이들의 자기소개가 끝나자 최이고 선생님이 활짝 웃으며 다시 입을 열었다.

"그래그래, 어떤 이유로 왔든 다 환영! 그럼 이제부터 심리 실험반 활동을 본격적으로 시작해 볼까? 아, 그러기 전에 먼저 우리 이름을 정하자. 흠, 프로이트 심리 실험반 어떠니? 프로이트는 역사상 가장 유명한 심리학자잖아. 너희도 프로이트가 누군지 알지?"

아이들은 아무 대답도 없었다. 선생님은 헛기침을 하더니 말했다.

"스키너 심리 실험반은 어때? 스키너가 누구냐면……."

선생님은 한 손을 치켜들고 한바탕 설명을 늘어놓으려다 싸한 분위기를 눈치채고는 슬그머니 손을 내렸다.

"그럼…… 열다섯 살 심리 실험반이라고 할까? 너희 나이를 평균 내면 열다섯 살이잖아. 이건 제법 괜찮지 않니?"

그때 뒷문이 열리는 소리가 들리더니 한 남자아이가 쓱 들어왔다. 선이 고운 얼굴선과 호리호리한 몸매가 순정 만화 주인공 같았다. 안나의 눈이 자신도 모르게 커졌다.

남자아이가 무어라 말하기도 전에 3학년 주영이가 외쳤다.

"너 3학년 1반이지? 어제 친구한테 교과서 빌리러 갔다가 너 봤어. 선생님, 그럼 여기 열여섯 살이 두 명이니까 평균 나이가 열다섯이 넘네요."

그제야 남자아이가 느릿느릿 입을 열었다.

"……난 열일곱 살인데."

중학교 3학년이 열일곱 살? 순간 교실 안이 조용해졌다. 그 정적을 깬 사람은 1학년 선아였다.

"열네 살 하나, 열다섯 살 둘, 열여섯 살 하나, 열일곱 살 하나. 평균 내서 15.4 심리 실험반이라고 할까요?"

"아이고, 이거 이름 짓기가 만만치 않네. 시작부터 난관에 부딪혔는걸."

말은 이렇게 하면서도 선생님은 싱글벙글했다. 한 명이라도 더 와서 마냥 기쁜 모양이었다.

"자, 방금 온 학생, 늦었어도 자기소개를 그냥 넘어갈 순 없지."

"임종찬이고요, 늦어서 죄송합니다. 토요일이라 쉬는 줄……."

"오호라, 그거야! 바로 그거!"

선생님은 교탁을 타고 넘기라도 할 것처럼 몸을 죽 내밀었다.

"토요 심리 실험반! 토요일의 자유로움과 심리학의 무한한 가능성이 만나는 자리! 얘들아, 어떠니, 응? 딱이지, 그렇지?"

용이가 손을 번쩍 들었다.

"선생님, 토요 심리 클럽 어때요? 어리다고 진짜 클럽은 못 들어

가니까 심리 클럽이라도 할래요, 헤헤."

선아가 뻐기는 말투로 말했다.

"그거보다는 토요일의 심리 클럽이 낫겠네요. 사사조라서 안정적이잖아요. 사사조 아시죠? 저는 선행 학습으로 배웠거든요."

안나는 선아의 태도에 뜨악한 눈길을 날렸지만 주영이는 손가락으로 딱 소리를 내며 말했다.

"토요일의 심리 클럽! 저도 좋은데요. 우리 이걸로 해요."

"이야, 그거 멋지다. 끝내준다! 좋아, 그럼 토요일의 심리 클럽이라고 결정된 거다. 아, 종찬 학생, 자기소개 마저 해야지."

어느새 맨 뒷자리에 앉은 그 남자아이는 이 작은 소란에도 놀란 기색이 없이 무덤덤한 목소리로 말했다.

"됐어요. 더 말할 거 없어요."

선생님은 그 아이의 태도야 어떻든, 이름 짓기라는 첫 단추를 무사히 꿰어 속이 다 시원하다는 표정이었다.

"좋아, 좋아! 늦게 온 친구도 환영! 심리 실험의 세계로 들어온 여러분 모두 대환영이다. 지금부터 일 년 동안 여러분은 나와 함께 심리 실험을 직접 경험하면서 사람의 마음 그리고 여러분 자신의 마음을 탐구해 볼 거야. 여러 가지 심리 실험을 하다 보면 '아, 내 마음이 이런 모습이었구나.' 하고 깜짝 놀랄걸. 그리고 일 년이 지날 때쯤이면 마음이 쑥 자라 있는 걸 느끼게 되리라 생각해. 자, 이제부터 토요일의 심리 클럽, 출발이다!"

1

비합리성의 심리

나도 용한 점쟁이가 될 수 있다
바넘 효과

최이고 선생님이 종이 더미를 꺼내 탁 소리가 나도록 교탁 위에
올려놓았다.

"여러분은 심리학 하면 뭐가 떠오르지? 미래의 심리학자 주영
이가 말해 보겠니?"

주영이는 망설이지 않고 대답했다.

"그야 심리 테스트죠."

선생님이 고개를 끄덕였다.

"그래, 내가 생각하기에도 그런 것 같더라. 아까 자기소개를 할
때 주영이는 심리 테스트를 많이 모았다고 했지?"

"네. 제 미니홈피에는 심리 테스트만 스크랩한 폴더가 따로 있을 정도예요."

"어떤 심리 테스트들이니?"

"제가 어제 스크랩한 건 좋아하는 과일을 보고 성격을 알아맞히는 거예요. 저는 바나나를 좋아하는데요, 바나나를 좋아하는 사람은 친화력이 뛰어나대요. 정말 저랑 딱 맞는 말인 거 있죠. 또 걸음걸이로 성격을 알아보는 것도 있고, 기르고 싶은 동물로 미래의 애인을 예측하는 것도 있어요. 제가 심리 테스트를 올리면 친구들이 댓글을 죽 달아요. 다들 와, 맞아 맞아 이래요."

선생님은 의미심장한 미소를 지었다.

"우리도 심리 테스트를 해 볼까? 내가 가져온 심리 테스트는 좀 더 긴 거야. 그만큼 더 정확하지. 우리 토요일의 심리 클럽에서 하는 심리 테스트는 뭔가 달라야 하지 않겠니? 이 설문지에는 성격을 알아보기 위한 질문들이 적혀 있단다. 모든 질문에 심사숙고해서 답을 적으렴. 답을 다 쓴 사람은 선생님한테 주면 된다."

선생님은 교탁 위에 있던 종이를 아이들에게 나눠 주었다. 안나는 설문지를 죽 훑어보았다. 질문은 모두 스무 개였다. 안나는 첫 번째 질문을 속으로 읽었다.

'방의 벽지를 바꾼다면 무슨 색으로 하겠습니까? 1번 빨간색, 2번 초록색, 3번 하얀색. 음, 난 빨간색을 좋아하는데 벽지가 새빨가면 눈 아프겠지? 봄이니까 초록색으로 할까?'

안나는 고민하다가 가장 무난할 것 같은 하얀색에 동그라미를 쳤다. 이런 식의 질문들이 이어졌다. 영화를 보러 갔는데 매진되었다면 대신 어디로 가겠습니까? 교실 안에 식물을 둔다면 어떤 것을 고르겠습니까? 안나는 선생님 말대로 질문마다 곰곰 생각하며 답을 적어 내려갔다. 모두 설문지에 집중하느라 교실 안은 조용했다.

얼마나 시간이 흘렀을까. 용이가 가장 먼저 일어나 설문지를 선생님에게 건넸다. 다른 아이들도 차례차례 설문지를 제출했다. 안나는 어떤 결과가 나올까 궁금했다. 안나도 잡지에 나와 있는 이런저런 심리 테스트를 해 본 적이 있지만 이번 테스트는 심리학자가 직접 해 주는 것이니만큼 더 특별하게 느껴졌다.

선생님은 아이들의 설문지를 잠시 들여다보다가 가방에서 또 다른 종이 더미를 꺼냈다.

"너희가 쓴 답을 분석해 보니까 각자의 성격이 잘 보이는구나. 성격은 열 가지 유형으로 분류할 수 있는데 너희가 그중 어떤 유형에 속하는지 결과를 알려 줄게. 단, 내 지시가 있을 때까지 자기의 성격 유형을 옆 친구한테 보여 주면 안 된다. 알겠지?"

아이들이 고개를 끄덕이자 선생님은 종이 한 장씩을 나눠 주었다. 안나가 받은 종이에는 이런 글이 쓰여 있었다.

당신은 다른 사람들이 당신을 좋아하고 칭찬하기를 바라면서도 당신 자신에게 비판적인 경향이 있습니다. 당신의 성격에는 안 좋은 부분도 있긴 하지만 당신은 그 약점을 극복하는 능력이 있습니다. 당신에게는 아직 스스로 깨닫지 못한 능력이 잠재되어 있습니다. 당신은 겉으로는 잘 절제하고 신중하지만 속으로는 걱정과 불안을 가지고 있습니다. 때로 당신은 자신의 결단이나 행동이 올바른 것이었는지 심각하게 고민하기도 합니다. 당신은 적당한 변화와 다양성을 선호하고, 구속당하거나 제한받을 때는 불만을 품습니다. 당신은 자신이 독립적으로 사고하는 사람이라고 자랑스러워합니다. 또한 다른 사람들의 주장이 충분한 근거가 없으면 받아들이지 않습니다. 하지만 당신은 다른 사람들에게 자신을 너무 솔직하게 내보이는 것은 현명하지 못하다고 생각합니다. 때에 따라 당신은 외향적이고 친절하며 사교적이지만, 내향적이고 주의 깊고 수줍어할 때도 있습니다. 당신이 가진 열망 중 어떤 것은 다소 비현실적인 경향이 있습니다.

안나는 글을 읽을수록 놀라움이 커졌다.

'와, 이거 진짜 내 성격인데!'

다만 "당신은 자신이 독립적으로 사고하는 사람이라고 자랑스러워합니다."라는 문장에는 고개가 갸웃했다.

선생님이 말했다.

"성격 분석 결과를 읽어 보니 어떠니? 한번 점수를 매겨 봐라. 딱 내 얘기다 하면 5점, 꽤 맞는 편이다 하면 4점, 그냥 보통이다 하면 3점, 좀 안 맞는 것 같다 하면 2점, 안 맞는 부분이 훨씬 많다 하면 1점, 완전 엉터리다 하면 0점인 거다. 자, 5점부터 손 번쩍!"

안나는 4점에 손을 들까 했지만 다시 생각해 보니 5점을 주고 싶어졌다.

'내가 독립적으로 사고하는 사람인 건 맞잖아. 그러니까 나는 스스로를 자랑스러워해도 되는 거야.'

안나는 손을 들었다. 용이, 주영이, 선아도 손을 들었다.

"네 명이나 5점을 줬네. 남은 사람은 종찬이뿐이구나. 종찬이는 몇 점을 주려고 하니?"

선생님의 물음에 종찬이가 느릿느릿한 말투로 말했다.

"4점이요. 5점까지는 아니지만 그래도 제법 잘 맞는 것 같아요."

숫자를 좋아하는 선아가 끼어들었다.

"평균 4.8점이에요."

"이야, 아주 높은 점수인걸. 그만큼 이 심리 테스트가 정확하다는 뜻이겠지? 이제 그 종이를 다른 사람에게 주고, 친구들의 성격 유형은 어떻게 나왔는지 읽어 보렴."

용이는 자기 종이를 안나에게 건네고 안나는 자기 종이를 주영이에게 건넸다. 안나는 용이의 종이를 본 순간 어이가 없었다. 거기에는 안나의 성격 분석 결과와 똑같은 말이 적혀 있었다. 단어 하나 다르지 않고 완전히 똑같았다.

'어떻게 이럴 수가 있지? 용이는 성격이 나랑 딴판인데.'

그런데 다른 아이들도 마찬가지인 모양이었다. 여기저기서 "어, 똑같네." 하는 소리가 들려왔다. 안나는 용이가 받은 종이를 슬쩍 들여다보았다. 그 종이는 선아의 것이었는데 역시 똑같았다. 용이도 어리둥절한 표정이었다.

선아가 선생님에게 물었다.

"선생님, 전 저기 앉아 있는 3학년 오빠의 성격을 봤는데요, 이거 제 성격이랑 똑같아요. 우리 전부 똑같은 성격인 거예요?"

그러자 별안간 선생님이 "음하하!" 하고 교실 안이 울리도록 큰 소리로 웃어 젖혔다.

"다들 깜빡 속았지! 사실은 내가 처음부터 똑같은 결과를 준비한 거야. 너희가 설문지에 뭐라고 답을 쓰든 간에 똑같은 성격 유형을 받도록 말이야."

용이가 짐짓 화난 척 목소리를 깔고 말했다.

"지금 선생님이 학생들을 상대로 장난치신 거예요?"

"어이쿠, 그렇게 말하니 내가 무지 나쁜 사람이 된 것 같은걸. 그러니까 우리는 단순한 심리 테스트가 아니라 심리 실험을 한 거란다. 이 실험은 1948년에 버트럼 포러라는 미국의 심리학자가 했어. 자기가 가르치는 대학생들에게 성격을 분석해 준다고 하고는 모두 같은 결과를 나눠 줬지. 바로 너희가 받은 것과 똑같은 글이었는데, 버트럼 포러가 점성술 책에서 무작위로 골라 만든 것이었단다. 그랬더니 그 대학생들은 몇 점을 줬는지 아니? 평균 4.26점이었어. 너희와 마찬가지로 그 결과가 자신에게 아주 잘 들어맞는다고 생각한 거지. 어째서 이런 일이 생긴 걸까?"

주영이가 처음과는 달리 확신이 없는 목소리로 말했다.

"그건…… 어…… 사람의 성격이라는 게 알고 보면 모두 똑같은가요?"

선생님은 여전히 웃음 띤 얼굴로 고개를 저었다.

"그럴 리가. 우리는 저마다 다른 개성을 가진 사람들이지. 하지만 많은 사람이 가지고 있는 보편적인 특성도 분명 있긴 있단다.

버트럼 포러 Bertram R. Forer, 1914~2000
미국의 심리학자. 성격 테스트를 통해 바넘 효과를 증명한 실험으로 유명하다. 이 실험은 여러 성격 테스트들을 비판하는 근거로 자주 언급되고 있다. 바넘 효과는 그의 이름을 따서 포러 효과라고도 불린다.

너희가 받은 종이에서 예를 들어 볼까? '때에 따라 외향적이지만, 내향적일 때도 있다.'라는 내용이 있지? 이런 면은 알고 보면 누구에게나 있어. 친구들과 놀 때는 활달한 아이가 어른들 앞에서는 얌전할 수도 있고, 학교에서는 조용한 아이가 집에 가면 수다쟁이가 되기도 하지. 너희가 높은 점수를 준 건 이렇게 보편적인 심리적 특성을 자신만의 특성이라고 착각했기 때문이야."

안나는 다시 종이를 읽어 보았다. 선생님의 설명을 듣고 보니 그 글은 딱 안나만의 성격을 묘사했다고 보기엔 너무 모호하고 두루뭉술했다.

선생님의 설명은 계속 이어졌다.

"심리학에서는 이런 현상을 바넘 효과라고 해. 바넘은 1800년대에 살았던 사람인데 서커스에서 관객들의 성격을 잘 알아맞히는 것으로 유명했던 모양이야. 심리 테스트의 맹점을 잘 이용했던 거지. 우리는 이런 심리 테스트뿐만 아니라 다른 데서도 바넘 효과에 빠지곤 한다. 예를 한번 들어 볼까?"

용이가 손뼉을 딱 치며 말했다.

"오늘의 운세요! 요즘엔 포털 사이트에서도 오늘의 운세를 쉽게 볼 수 있잖아요. 며칠 전에 제 운세에 '힘겨운 과제가 생긴다.'라는 말이 있었는데 그날 숙제가 엄청 어려워서 끙끙댔어요. 그래서 오늘의 운세가 맞았구나 생각했는데요, 사실 저는 거의 매일 숙제 때문에 골치 아프거든요, 헤헤. 운세는 누구에게나 다 들어맞을 수 있는 얘기인 것 같아요."

안나도 생각난 것이 있어 입을 열었다.

"혈액형별 특성이요. 저는 A형인데 A형은 소심한 성격이래요. 제가 좀 소심한 건 맞지만 A형이 아니어도 소심한 친구들도 있거든요. 그런데도 저는 혈액형별 특성이 정확하다고 믿었는데요, 이것도 바넘 효과 때문이겠죠?"

선생님이 흐뭇한 표정을 지으며 고개를 끄덕였다.

"그래, 다 맞는 말이야. 바넘 효과를 잘 이해했구나. 고민이 있으면 점쟁이를 찾아가는 어른들도 너희처럼 바넘 효과를 알면 좋을 텐데."

골똘히 생각에 잠겨 있던 주영이가 말했다.

"선생님, 그럼 제가 미니홈피에 스크랩한 심리 테스트는 다 가짜인 거예요?"

"글쎄. 가짜라는 말은 좀 지나친 것 같다. 나는 그런 심리 테스트가 나쁘다고 생각하지 않아. 오늘의 운세 같은 것을 다 없애야 한다고 생각하지도 않고. 심심풀이용으로 즐긴다면야 무슨 문제겠니? 하지만 심리 테스트가 곧 심리학이라고 생각하지는 않았으면 좋겠구나. 그걸로 내 마음이나 다른 사람의 마음을 다 파악했다고 여겨서는 더더욱 안 되지. 사람의 성격이나 심리는 그렇게 단순하지가 않거든. 특히 주영이 너는 앞으로 심리학자가 될 거니까 좀 더 신중해야겠지?"

주영이가 고개를 끄덕이며 다시 활달한 목소리로 대답했다.

"네, 잘 알겠습니다!"

그때 선아가 질문을 던졌다.

"전 원래 오늘의 운세, 별자리별 운세, 혈액형별 특성 이런 거 하나도 안 믿어요. 어딘지 과학이랑은 거리가 먼 것 같잖아요. 혹시 과학적으로 성격을 알아내는 법은 없나요?"

"물론 있지. 성격 유형을 분석해 주는 MBTI 검사, 직업 적성을 알려 주는 홀랜드(Holland) 검사 같은 것들은 심리학 전문가가 오랜 시간 연구해서 만들었어. 그렇다고 이런 검사 결과를 너무 맹신해서는 안 되겠지만 자신의 성격이나 적성을 탐색하기 위해 한 번쯤 해 보는 것도 좋아. 자, 그럼 쉬는 시간을 가졌다가 다음 심리 실험으로 넘어가도록 할까?"

쉬는 시간이 되자 안나는 용이에게 물었다. 아까부터 내내 마음에 담아 두었던 질문이었다.

"용아, 여기 종이에 이렇게 쓰여 있잖아. '속으로는 걱정과 불안을 가지고 있습니다. 때로 당신은 자신의 결단이나 행동이 올바른 것이었는지 심각하게 고민하기도 합니다.' 나는 이 문장 보고 내 얘기라고 생각했어. 너도 알잖아, 내가 요즘 진로 때문에 고민 많은 거. 근데 너는 연예인이 되겠다고 딱 결심한 애가 왜 5점이나 준 거야? 별로 걱정도 없으면서."

용이가 멋쩍게 웃으며 대답했다.

"에이 참, 내가 워낙 출싹대니까 티가 안 나는 것뿐이지 나도 알고 보면 고민 많은 인간이야. 연예인이 되려면 얼마나 힘든데. 게다가 아빠는 아직도 내 꿈을 전혀 이해 못 하고 있다고. 이러니 고민이 많은 게 당연하지 않냐? 가끔은 연예인이 되겠다고 결심한 게 과연 잘한 일일까 하는 생각도 들어. 뭐 그래도 언제나 결론은 연예인이 돼야 한다는 거지만, 히히."

"그래그래, 용이 네가 연예인이 안 되면 누가 되겠니?"

안나는 용이의 어깨를 두드렸다. 그동안 자기 고민에만 빠져 있느라 용이 역시 장래 희망 때문에 걱정이 많다는 사실을 미처 몰랐던 것이 미안해졌다.

'세상에서 나 혼자만 고민하고 있는 게 아니었어. 심리 실험이 아니었으면 나는 용이의 속마음을 계속 몰랐을 거야. 토요일의 심리 클럽에 온 보람이 있는걸!'

타고난 고집쟁이
확증 편향

쉬는 시간에 잠시 교실 밖으로 나갔던 최이고 선생님이 다시 들어왔다. 선생님은 칠판에 글자를 썼다.

학생이 학교에 휴대폰을 가져와도 될까?

선생님이 아이들 쪽으로 돌아서서 말했다.

"요즘은 중학생쯤이면 다들 휴대폰이 있지? 혹시 이 중에 없는 사람 있나?"

아무도 손을 들지 않았다. 안나에게도 물론 휴대폰이 있었다. 최신형이 아니라서 좀 불만이기는 하지만.

선아가 너무 당연한 것을 묻는다는 투로 말했다.

"전 이번에 중학생이 되면서 생겼는데요, 이것도 늦은 편이에요. 초등학교 다닐 때도 휴대폰 있는 애들 많았어요."

"그런데 심란 중학교에서는 휴대폰을 못 가져오게 금지해 놓았다며?"

선생님의 물음에 주영이가 3학년답게 학교 사정을 다 꿰고 있다는 듯한 표정으로 대답했다.

"에이, 신입생 때만 잠깐 두고 오지 나중에는 다들 가져오는걸요. 수업 시간에 안 울리게 조심하면서요."

"그럼 주영이 너는 학교에 휴대폰을 가져와도 된다고 생각하니?"

"그건 아니에요. 수업 시간에 문자 보내느라 옆 사람 정신 산만하게 하는 애들이 있거든요. 그러는 건 좀 안 좋아 보이더라고요."

선아가 끼어들었다.

"휴대폰 전자파가 뇌에 나쁜 영향을 끼칠 수도 있대요. 과학 잡지에서 봤어요."

"주영이와 선아는 학교 교칙에 찬성하는 쪽이구나. 다른 사람들 의견은 어떠니?"

이렇게 말하며 선생님은 안나와 용이 그리고 종찬이를 바라보았다.

안나는 생각이 달랐다. 안나는 작년에 무심코 휴대폰을 책상 위에 올려 두었다가 담임 선생님에게 압수당한 적이 있었다. 그 바람에 친구들과 문자를 주고받지 못한 건 둘째 치고 맞벌이하느라 귀가가 늦기 일쑤인 부모님에게 연락을 못 해서 너무 불편했다.

"전 휴대폰을 가져와도 된다고 생각해요. 갑자기 위급한 상황이 생길 수도 있잖아요."

용이가 안나의 의견을 거들었다.

"수업 끝나고 친구들 만날 때도 휴대폰 없으면 약속 잡기 힘들어요."

내내 조용하던 종찬이가 천천히 말했다.

"선생님들은 다 휴대폰을 가지고 다니면서 학생들에게만 금지하는 건 인권 침해예요."

안나는 종찬이를 슬쩍 돌아보았다. '인권'이라는 말을 쓰니 종찬이가 더 멋있게 느껴졌다.

아이들의 의견을 모두 들은 선생님이 말했다.

"얼마 전에 열린 청소년 토론 대회 결승에서도 이 문제를 다뤘어. 너희 또래 친구들이 어떤 이야기를 나눴는지 보여 줄게. 잘 지켜보고 자기 입장에 대해 다시 한 번 생각해 봐라."

용이가 짓궂게 질문했다.

"선생님, 이거 아까처럼 저희를 속이시려는 거 아니에요?"

"하하, 아니야, 아니야. 이건 내가 주최 측에 부탁해서 구한 실제 토론 장면이란다. 물론 너희가 이걸 보는 것도 심리 실험에 포함되지. 어떤 심리 실험인지는 곧 알게 될 거야."

선생님은 가져온 노트북에 있는 동영상을 빔 프로젝터를 이용해 보여 주었다. 각각 세 명으로 이루어진 두 팀이 열띤 토론을 벌였다. 토론 대회 결승답게 학생들은 자신의 의견을 조리 있게 풀어 나갔다. 양쪽 다 일리가 있었다.

그래도 보면 볼수록 안나는 휴대폰 소지에 찬성하는 팀이 더 논리적이고 설득력 있게 의견을 제시한다는 생각이 들었다. 반대하는 쪽도 차분하게 말하기는 하지만 갈수록 근거가 억지스럽고 너무 어른들 입장만 따르는 듯했다. 안나는 생각했다.

'이 토론을 보고 나면 누구라도 휴대폰을 학교에 가져와도 된다고 생각하게 될 거야.'

토론이 끝나자 선생님이 빔 프로젝터를 끄고 말했다.

"잘 봤지? 각 토론 팀을 어떻게 평가하는지, 혹시 원래 생각이 바뀌었는지 아니면 더욱 강해졌는지 한 사람씩 얘기해 보자."

주영이가 먼저 입을 열었다.

"찬성하는 팀 의견에서도 참고할 만한 점은 있었어요. 하지만 휴대폰 소지를 반대하는 팀의 논리가 더 타당했던 것 같아요. 제 생각은 더 굳어졌어요."

선아도 주영이 편을 들었다.

"저도 그래요. 학교에서만이라도 휴대폰을 자제해야 한다는 주장이 맞는다고 생각해요."

안나는 토론을 보고서도 생각을 전혀 바꾸지 않은 주영이와 선아를 이해할 수 없었다. 안나는 머뭇머뭇 말했다.

"음, 이상하네요……. 제가 보기엔 찬성 팀 논리가 더 맞았던 것 같은데……."

용이가 고개를 끄덕였다.

"저도요. 수업 때 방해 안 되게 조심하면 되지, 아예 집에 두고 오는 건 너무하잖아요."

종찬이가 다시 입을 열었다.

"국가 인권 위원회에서 이건 인권 침해니까 시정하라고 권고한 적도 있다는데 다른 이유가 더 필요할까요? 어떤 경우에도 인권 침해는 안 되는 거예요."

선아가 반박했다.

"인권도 좋지만 공부를 먼저 생각해야 한다고 봐요. 학생의 본분은 공부잖아요."

그러자 안나는 저도 모르게 나섰다.

"학생이기 전에 먼저 사람인걸요. 공부가 인권보다 중요하지는 않은 것 같아요."

이렇게 말하고서 안나는 괜스레 얼굴이 붉어졌다. 종찬이가 어떤 표정을 짓고 있을지 궁금했지만 차마 돌아볼 용기가 나지 않았다.

아이들의 대답을 듣는 선생님의 얼굴에는 싱글싱글 웃음이 피었다. 조금 전에 아이들이 엉터리 심리 테스트에 높은 점수를 주었을 때와 비슷한 웃음이었다.

"혹시나 했는데 역시나네. 의견을 바꾼 사람이 하나도 없구나. 지금 너희는 사람이 자신의 신념과 다른 증거에 대해 어떤 태도를 보이는지 알아보는 심리 실험에 참여한 거야. 1979년에 찰스 로드Charles Lord, 리 로스Lee Ross, 마크 레퍼Mark Lepper라는 세 심리학자가 비슷한 심리 실험을 했지. 사형 제도를 찬성하는 사람과 반대하는 사람에게 두 가지 증거를 함께 보여 주었어. 하나는 사형 제도가 범죄를 억제한다는 증거, 다른 하나는 별 효과가 없다는 증거. 사람들의 반응은 어땠을까? 다들 예상이 되지?"

주영이가 멋쩍게 말했다.

"아무도 자기 생각을 바꾸지 않았죠? 저희처럼요."

"그래, 맞아. 바로 너희처럼 말이야. 이 심리 실험에 참여한 사람들은 자신의 생각과 맞는 증거가 더 조리 있고 설득력이 있다고 판단했기 때문에 원래 생각이 변하기는커녕 더욱 확고해졌지. 이 중에 「식스 센스」라는 영화 본 사람?"

주영이와 종찬이가 손을 들었다. 안나도 손을 들었다. 「식스 센스」는 아동 심리학자인 말콤 크로 박사가 자꾸만 유령을 보는 소년 콜을 도우면서 일어나는 사건을 담은 영화다. 놀라운 반전 때문에 안나의 기억에 또렷이 남아 있었다.

무언가 생각하는 듯하던 종찬이가 말했다.

"거기서 주인공이 '귀신들은 자기가 보고 싶은 것만 봐요.'라고 말하죠."

"앗, 한발 늦었다! 내가 말하려던 것을 종찬이가 먼저 말했네. 사실 자기가 보고 싶은 것만 보고 듣고 싶은 것만 듣는 건 바로 우리지. 이 심리 실험이 증명하고 있듯이 말이야. 이런 경우는 역사 속에서도 자주 일어났어. 누가 생각나는 거 있으면 말해 보겠니?"

선아가 곧바로 대답했다.

"전에 텔레비전에서 봤는데요, 임진왜란이 일어나기 몇 년 전에 왕이 일본에 두 신하를 보냈대요. 그중 한 명은 일본의 침략을 대

비해야 한다고 보고했고, 다른 한 명은 걱정할 필요 없다고 보고했대요. 왕은 경고를 무시했는데 결국 일본이 전쟁을 일으킨 거죠."

"이야, 딱 적당한 예구나. 이렇게 자신의 주장을 지지하는 정보는 중요하게 여기고 반대되는 정보는 무시해 버리는 경향을 **확증 편향**이라고 하지. 자, 이 심리 실험에서 교훈을 찾는다면 뭘까?"

용이가 대뜸 말했다.

"다른 사람을 설득하기는 불가능하다는 거요?"

"아예 불가능한 건 아니지. 우리 사회에는 토론을 통해 서로 이견을 좁혀서 합의에 이르는 경우도 많아. 학교에서도 학급 회의를 하잖니? 물론 확증 편향 때문에 설득하기가 쉽지 않은 건 사실이야. 우린 누구나 고집쟁이 기질이 다분한 셈이지."

주영이가 조금 전 목소리를 높일 때와는 사뭇 다른 태도로 말했다.

"이제는 다른 의견을 좀 더 신경 써서 들어야겠어요. 그게 이 심리 실험의 교훈 같아요."

선생님이 주영이를 향해 엄지손가락을 들어 보였다.

"그렇지. 주영이가 잘 정리해 줬구나. 앞으로 토요일의 심리 클럽에서 여러 가지 심리 실험을 하다 보면 너희가 이미 가지고 있던 생각과 다른 결과가 나오기도 할 거야. 그럴 때 '이건 틀렸어!' 하고 결과를 부정하기보다는 열린 마음으로 받아들여 줬으면 좋겠다. 열린 마음을 가지고 있으면 확증 편향의 위험을 충분히 이겨

낼 수 있을 테니까. 알겠니?"

아이들이 한목소리로 대답했다.

"네!"

씩씩하게 대답하는 아이도 있고 들릴 듯 말 듯 대답하는 아이도 있었지만 어쨌든 선생님은 만족스러워 보였다.

"자, 그럼 확증 편향에 대해 알아보았으니 휴대폰 문제를 다시 잠깐 이야기해 볼까? 그사이 생각을 바꾼 사람이 혹시라도 있니?"

뜻밖에도 선아가 손을 들었다. 선아는 아직 생각이 정리되지 않은 듯 천천히 말했다.

"그게…… 완전히 바뀐 건 아닌데요, 다른 방법도 있을 것 같아요. 그러니까…… 교실마다 바구니를 두고서요, 등교하면 모두 바구니에다 휴대폰을 넣는 거예요. 그리고 하교할 때 가져가는 거죠. 급한 일이 있으면 쉬는 시간에 쓸 수 있고요. 이 정도도 인권 침해일까요?"

선아는 이렇게 말하며 종찬이를 쳐다보았다. 종찬이는 갑작스러운 질문에 잠시 가만히 있다가 말했다.

"음, 금방 판단이 안 되네요. 어쨌든 학생들과 선생님들이 휴대폰 문제에 대해 함께 논의해 보면 지금보다는 더 나은 교칙을 만들 수 있을 것 같아요."

"그래. 사실 너희에게 살짝 귀띔해 주자면 말이야…….."

선생님은 바로 말을 잇지 않고 뜸을 들였다. 아이들은 선생님이 무슨 비밀이라도 알려 주려나 싶어 귀를 쫑긋 세우고 기다렸다. 그런 아이들을 둘러본 후 선생님이 다시 입을 열었다.

"내가 직접 교장 선생님께 들었는데, 교장 선생님도 휴대폰 문제 때문에 고민이 많으시더라. 수업에 방해되긴 하지만 무조건 금지한다고 해결되는 건 아니니까. 학생 회장과 얘기해서 총학생회를 통해 새 교칙을 만들기로 하셨대."

"이야, 정말요? 아싸! 신 난다!"

선생님의 말이 끝나자마자 호들갑을 떤 사람은 다름 아닌 용이였다. 안나는 조용히 하라는 의미로 용이의 등을 살짝 쳤다. 하지만 안나도 기분이 들뜨기는 마찬가지였다.

"워워, 진정, 진정! 아직 교칙이 바뀐 건 아니니까 좋아하긴 좀 이르지. 교장 선생님과 학생 회장을 믿고 기다려 보자."

학생들의 잘못을 하나도 놓치지 않겠다는 듯 언제나 눈에 힘을 팍 주고 있는 교장 선생님은 그저 완고하고 근엄하게만 보였다. 하지만 알고 보니 교장 선생님은 확증 편향에 빠지지 않고 다른 쪽 의견에도 귀 기울여 주는 분이었나 보다.

용이가 함박웃음을 하고서 안나에게 말했다.

"교장 선생님한테 팬레터를 쓰고 싶어지네, 히히."

안나도 따라서 빙그레 웃었다. 최이고 선생님의 말은 확실히 일리가 있었다. 열린 마음을 가지고 있으면 확증 편향에 빠지지 않을 수 있다는 것.

이번만큼은 틀림없어!

도박사의 오류

잠시 어수선했던 분위기가 가라앉자 최이고 선생님이 말했다.

"엉터리 심리 테스트도 하고 다른 학생들 토론도 보느라 수고했다. 첫날부터 머리를 많이 썼더니 다들 머리에서 김이 모락모락 날 것 같지? 이번에는 간단한 심리 실험으로 머리를 식혀 보자."

아이들은 또 어떤 심리 실험을 하게 될까 궁금해하는 눈빛으로 선생님을 바라보았다.

"너희 야구 좋아하니?"

뜬금없는 질문이었다. 몇몇이 고개를 끄덕였다. 안나도 그중 한 명이었다. 국제 대회에서 우리나라 야구 대표팀이 우승하는 모습을 보고 야구팬이 된 안나는 용이와 가끔 야구장에 가기도 했다.

선생님의 질문이 계속 이어졌다.

"그럼 3할 타자가 뭔지 잘 알겠구나?"

숫자가 나오자 선아가 눈을 반짝이며 대답했다.

"열 번 나오면 세 번 치는 타자요."

"맞아. 3할을 치면 뛰어난 타자라고 인정받지. 그런데 따져 보면 좋은 타자라 해도 성공보다 실패가 두 배나 많은 셈이야. 야구는 실패를 긍정하는 스포츠라고나 할까? 그래서 나도 야구를 좋아해. 마음 같아서는 야구에 담긴 인생의 진리에 대해 이야기하고 싶지만 그건 다음 기회에 하자. 지금은 심리 실험을 해야 하니까."

용이가 유난히 힘차게 손을 들고 물었다.

"이번엔 야구 경기를 보나요? 혹시 진짜 야구장에 가나요?"

"용이는 밖에 나가고 싶어서 몸이 근질근질하구나?"

"히히, 들켰네요. 교실 밖에서 하는 계발 활동 부서도 많거든요. 우리도 그래 보면 어떨까요? 날씨도 맑잖아요."

"물론 교실 밖에서 해야 하는 심리 실험도 있어. 하지만 그건 나중에 하고 오늘은 좀 참자, 응? 내가 야구에 대한 질문을 해 볼게. 여기 3할 타자가 한 명 있는데 지금 7타석 무안타를 기록 중이지. 일곱 타석 연속으로 공을 치지 못한 거야. 이제 이 선수가 여덟 번째 타석에 들어섰어. 그렇다면 공을 칠 확률이 얼마나 될까?"

용이가 머리를 감싸 쥐며 우는소리를 했다.

"밖에 나가지는 못할망정 수학 문제라니, 선생님 미워요!"

하지만 선아는 자신만만한 얼굴로 냉큼 대답했다.

"쉽네요. 100퍼센트예요. 타율이 30퍼센트인데 지금까지 일곱 번을 못 쳤으니까 나머지 세 번을 다 치게 되는 거죠."

안나도 선아의 대답이 맞다고 생각했다. 지나치게 자신만만한 태도가 거슬리긴 했지만.

'용이가 엄살 피워서 그렇지 별로 어려운 문제도 아닌데 쟤는 되게 똑똑한 척하네, 칫.'

하지만 선생님은 선아의 대답에 고개를 끄덕이지 않고 알 수 없는 미소만 지었다. 그러다 다시 입을 열었다.

"또 다른 문제를 풀어 볼까? 이번에도 간단한 거야. 이 중에 형

제자매가 있는 사람?"

선아가 말했다.

"전 언니가 있어요."

주영이가 씩 웃으며 말했다.

"전 쌍둥이 남동생이요. 삼 남매예요."

종찬이가 말했다.

"전 형 하나요."

안나와 용이만 가만히 있었다. 둘 다 외동이었다. 안나는 용이를 처음 보았던 때가 떠올랐다. 유치원 때 이사를 온 날, 옆집에서 한 남자아이가 고개를 빼꼼히 내밀고 있었다. 용이였다. 똑같이 외동이다 보니 안나와 용이는 자연스레 단짝 친구가 되었다. 몇 년 전 용이가 길 건너로 이사 가서 이제는 옆집에 살지 않지만 그래도 여전히 붙어 다녔다. 같은 중학교에 배정되었을 때도 둘은 폴짝폴짝 뛰며 좋아했다.

"주영이가 형제자매가 가장 많구나. 하긴 요즘은 셋만 낳아도 많은 편이지. 여기 어떤 부부가 있다고 치자. 이 부부는 첫째도 아들, 둘째도 아들인데 부인이 셋째를 임신 중이야. 이 셋째는 딸일까, 아들일까?"

방금 전에 선아 때문에 약이 올랐는지 용이가 잽싸게 대답했다.

"딸이요."

"왜 딸일까?"

"아들만 셋인 집은 많지 않잖아요. 아이가 셋이면 대개 아들, 딸이 섞여 있지 않나요? 저 누나네 집도 그렇고요."

용이의 말에 주영이가 고개를 끄덕였다. 안나도 용이의 대답이 맞는 것 같았다.

그런데 선생님이 알려 준 답은 뜻밖이었다.

"땡! 선아와 용이 둘 다 틀렸다. 첫 번째 문제에서 야구 선수가 안타나 홈런을 칠 확률은 10분의 3이야. 두 번째 문제에서 셋째가 딸일 확률은 2분의 1이고."

모두 어리둥절해하고 있는데 선아가 말했다. 불만이 가득한 목소리였다.

"이해가 안 돼요. 제 계산은 정확했다고요."

"선아 네가 저지른 실수가 뭔지 아니? 먼저 일어난 사건이 나중에 일어나게 될 사건의 확률에 영향을 끼친다고 판단한 거야."

선아도 다른 아이들도 여전히 잘 모르겠다는 표정으로 멀뚱멀뚱 가만히 있자 선생님이 설명해 주었다.

"자, 첫 번째 문제를 다시 보자. 3할 타자가 공을 칠 확률은 타석에 들어설 때마다 똑같이 10분의 3이야. 첫 번째 타석에서도 10분의 3이고 두 번째 타석에서도 10분의 3이지. 앞에서 공을 치지 못했다고 해서 확률이 100퍼센트로 올라가는 건 아니라는 뜻이야. 이해가 되니?"

선아가 천천히 고개를 끄덕였다.

"······네."

선생님은 이번에는 용이를 향해 말했다.

"두 번째 문제에서도 마찬가지야. 딸일 확률은 2분의 1이고 아들일 확률도 2분의 1이지. 첫째든 둘째든 셋째든 이 확률은 언제나 똑같아. 용이가 아들만 셋인 집이 아들과 딸이 모두 있는 집보다 적다고 했지? 그건 사실이야. 하지만 그 사실과 이 문제는 별개지. 경우의 수를 떠올려 보면 쉽게 이해가 될 거야."

선생님은 칠판에 여덟 가지 경우를 모두 적었다.

딸-딸-딸   딸-아들-딸   아들-딸-딸   아들-아들-딸
딸-딸-아들   딸-아들-아들   아들-딸-아들   아들-아들-아들

"자, 봐라. 전체적으로 보면 딸과 아들이 모두 있을 확률이 높지? 하지만 두 명의 아들 다음에 딸을 낳을 확률도, 아들을 낳을 확률도 똑같이 2분의 1이잖아. 용이도 이제 알아듣겠니?"

용이는 선아와 달리 시원스럽게 대답했다.

"네, 히히. 완전히 착각했네요."

"이런 것을 **도박사의 오류**라고 해. 알고 보면 완전히 독립적으로 일어나는 사건들인데 서로 영향을 미친다고 착각하는 현상이지. 왜 도박사의 오류라고 부르는가 하면, 도박에 빠진 사람들이 흔히 이 착각에 사로잡히곤 하거든. 돈을 딸 확률이 굉장히 낮은데도

'내가 계속 돈을 잃었으니 이번만큼은 분명히 따게 될 거야.' 하고 생각하는 거야. 그러다 보면 결국 더 큰 돈을 잃게 되지. 너희는 커서 이런 어리석은 어른이 되지 마라."

그때 선아가 손을 들었다. 여전히 심통이 나 있는 듯했다.

"선생님, 전 사실 실험이라는 말에 끌려서 여기 왔는데요, 심리 실험이란 건 참 이상한 것 같아요. 과학 실험은 정확한 과학적 사실을 알아보는 거잖아요. 그런데 심리 실험은 반대로 사람이 얼마나 비과학적인지 알아보려는 것 같아요."

"어이쿠, 이런. 선아가 좀 실망했나 보구나."

"꼭 실망이라기보다도…… 찜찜해요. 내가 이렇게 합리적이지 않은 사람인가 싶어서 기분이 안 좋아요."

선생님이 짓궂은 미소를 풀고 부드러운 표정으로 달래듯 말했다.

"바로 그거야. 사람의 심리에는 비합리적인 면이 많아. 우리는 컴퓨터가 아니잖니. 마음이 수학 공식처럼 작동한다면 오히려 이상하겠지? 그런데도 우리는 그 사실을 깜빡 잊고서 자신이 언제나 이성적이라고 오해하곤 해. 선아는 가장 친한 친구가 누구니?"

"가장 친한 친구요? 혜진이요. 다른 중학교에 다니지만 그래도 제일 친해요."

"그럼 선아 너에 대해 너 자신도 몰랐던 면을 혜진이가 알 때도 있니? 네가 미처 알아채지 못한 실수를 귀띔해 준다든지 말이야."

"음…… 제가 어쩌다 공부가 잘 안 될 때 '짜증 나.'라는 말을 하곤 했는데요, 혜진이가 그런 모습이 안 좋아 보인다고 얘기해 주더라고요. 그래서 이제는 그런 말 잘 안 해요."

"와, 정말 훌륭한 친구구나. 그렇게 충고해 주는 친구가 진정한 친구지. 심리 실험도 혜진이처럼 선아에게 좋은 친구라고 생각하면 어떨까? 심리 실험이 없었다면 우리의 비합리적인 면을 모르고 그냥 넘어가 버리지 않겠니? 하지만 우리 마음이 어떻게 비합리적으로 움직이는지 알면 그만큼 합리적인 결정을 내릴 수 있어. 자신의 약점이 뭔지 알아야 극복할 수 있는 법이거든."

그제야 선아의 얼굴이 다시 밝아졌다.

"그렇게 볼 수도 있구나. 네, 심리 실험이 왜 필요한지 알 것 같아요."

용이가 안나를 툭 치며 작은 목소리로 말했다.

"야, 박안나, 너 저번에 내가 브레이크댄스 할 때 헤드스핀이 어설프다고 했지? 그럼 너도 나한테 심리 실험 같은 존재네, 히히."

"알았으면 나한테 더 잘해!"

안나는 퉁명스레 답하긴 했지만 그때 용이의 실망한 표정이 마음에 걸렸던지라 오히려 고마웠다.

선생님이 모두를 돌아보며 말했다.

"심리 실험 중에는 선아가 생각한 과학 실험과 비슷한 것도 있어. 동물을 가지고 실험하기도 하고. 하지만 토요일의 심리 클럽에서 하는 건 그런 복잡하고 어려운 심리 실험이 아니라 너희가 언제 어디서나 다시 해 볼 수 있는 심리 실험이란다. 가족이나 친구와 심리 실험을 하면서 놀 수 있게 말이야."

안나는 오늘 알게 된 심리학 용어들을 되새겨 보았다.

'바넘 효과, 확증 편향, 도박사의 오류. 잘 기억해 뒀다가 나중에 써먹어야지!'

선생님이 시계를 확인하고 말했다.

"어느새 시간이 많이 흘렀네. 다음 시간에도 우리 마음의 비합리적인 면에 대해 계속 알아보자. 특히 너희가 무엇을 돈 주고 살 때 어떤 비합리적인 실수를 저지르는지 알려 주는 심리 실험이 기다리고 있으니까 기대 많이 해도 좋아. 오늘은 여기까지!"

선생님은 팔을 번쩍 들더니 교실 안이 울리도록 크게 박수를 쳤다. 아이들도 얼떨결에 따라서 박수를 치며 키득거렸다.

가방을 주섬주섬 챙기면서 안나는 종찬이 쪽을 흘끔 보았다. 종찬이는 느린 말투만큼이나 느린 걸음으로 천천히 나가고 있었다. 하지만 굼뜨다기보다 묘하게 여유로워 보였다.

"방송 댄스반만큼은 못하지만 심리 실험반도, 아니지, 토요일의 심리 클럽도 할 만한데? 안나 널 따라오길 잘했다!"

용이의 말에 퍼뜩 정신을 차린 안나는 가방을 메며 용이를 향해 미소 지었다. 앞으로 재미난 일이 많이 생길 것 같은 예감이 들었다.

한정 판매니까 갖고 싶다?
희귀성의 법칙

토요일의 심리 클럽이 처음 만난 지 어느새 한 달이 흘렀다. 3월만 해도 아직 겨울 기운이 남아 있어 쌀쌀했는데 4월이 되니 확실한 봄이었다. 그 사이 안나는 2학년 생활에 익숙해졌다. 1학년 때와 크게 다른 것은 없었지만 그래도 좀 더 빡빡해진 느낌이었다.

따로 모이지는 않았으나 토요일의 심리 클럽의 다른 아이들과도 친해졌다. 주영이는 첫인상대로 시원시원하고 활달한 언니였다. 자기소개 때 말했듯이 친구가 많아서 언제나 여러 친구들과 같이 다녔다. 그러면서도 복도에서 안나와 마주치면 큰 소리로 인사를 건넸다.

"안나야, 안녕!"

"아, 안녕하세요."

"'안녕하세요.'가 뭐니? 그냥 반말 써."

주영이가 친근하게 대해 주자 안나도 어느 순간부터 주영이를 만나면 "주영 언니, 안녕." 하고 편하게 인사하게 되었다.

선아는 낯을 가리는지 안나를 봐도 고개만 까딱했다. 하지만 1교시가 끝난 후 쉬는 시간에 매점에서 자주 마주치다 보니 차츰 이야기를 나눌 기회가 많아졌다.

"선아 너도 아침밥 안 먹고 오나 보구나?"

"아침에 일어났을 땐 입맛이 하나도 없는데, 1교시만 끝나면 출출해지네, 히힛."

선아는 공부만 아는 모범생 같은 인상이었지만 안나와 친해지자 가끔 과자를 사 달라고 애교를 부리기도 했다.

하지만 종찬이와는 아직 서먹서먹했다. 교실에만 붙어 있는지 지나가다 복도에서 우연히 만나는 경우도 드물었다. 그나마 한두 번 마주쳤을 때조차 안나는 괜히 쑥스러워서 못 본 척 고개를 숙이고 지나가 버리곤 했다.

용이는 토요일의 심리 클럽에서 배운 바넘 효과를 십분 이용해 친구들에게 장난을 쳤다.

"에헴, 네 얼굴 한편에 그늘이 짙게 깔려 있는걸. 학원 가기 싫어서 고민이지?"

"와, 어떻게 알았어? 너 완전 족집게구나!"

친구들은 용이의 장난을 알아차리기는커녕 무척이나 신기해했다. 용이는 '용도사'라는 별명을 얻었다. 안나는 아이들이 용이를 용도사라고 부를 때마다 쿡쿡 웃었다.

토요일의 심리 클럽 두 번째 시간은 4월 중순에 있었다. 안나가 용이와 함께 교문을 지나 건물 안으로 막 들어서려 할 때였다. 용이가 놀란 기색으로 안나의 옷자락을 잡아당겼다.

"어, 안나야, 저기 좀 봐. 최이고 선생님이잖아."

용이의 손가락이 향한 곳을 보니 선생님이 오토바이에서 내리고 있었다. 용이는 선생님에게 뛰어가더니 인사도 생략해 버리고 오토바이부터 만지기 시작했다. 안나도 용이를 따라 오토바이 옆으로 다가갔다.

"와, 이거 선생님 거예요? 비싸요? 저도 나중에 오토바이 타고 싶은데."

"하하, 용이가 오토바이에 관심이 많구나. 이건 중고라서 별로 안 비싸. 안나도 안녕? 너도 오토바이 타고 싶니?"

"아뇨, 전……."

그때 뒤에서 헛기침 소리가 났다. 교장 선생님이 당황한 표정 반, 못마땅한 표정 반으로 서 있었다. 교장 선생님은 심란 중학교에서 가장 엄한 선생님이었다. 복도에서 쿵쾅 소리를 내거나 교복 리본을 삐뚤게 맸다가 교장 선생님과 마주치면 곧바로 불호령이 떨어졌다. 저번에 휴대폰 소지 교칙을 바꿀 거라는 소식을 듣고 교장 선생님이 좀 달리 보이긴 했지만 그래도 여전히 '가까이하기엔 너무 먼 당신'이었다.

"최 군, 아니 최 선생님, 교사가 오토바이가 뭡니까. 허 참, 이런!"

그에 비해 최이고 선생님은 표정도 말투도 능청스럽기 짝이 없었다.

"아이, 제가 오토바이 한두 번 타 봤나요. 고등학교 때부터 안전 운전 경력이 십 년 넘는 거 다 아시면서. 그러니 사고 걱정은 안 하셔도 돼요."

"그런 얘기가 아니라……. 어험, 지금은 학생들 앞이니 이만합시다. 이따 계발 활동 수업 끝나고 교장실에 들르세요."

교장 선생님은 쌩하고 뒤돌아 가 버렸다. 최이고 선생님은 그 뒤에 대고 더욱 명랑한 목소리로 "그럼 이따 봬요!" 하고 소리치고는 안나와 용이에게 말했다.

"자자, 이제 들어갈까? 토요일의 심리 클럽이 늦게 시작하면 안 되지."

교실에는 이미 주영이, 종찬이, 선아가 앉아 있었다. 선생님은 책상 사이로 지나다니다가 주영이에게 말을 걸었다.

"주영이 공책이 새것처럼 보이는데?"

주영이는 새 공책이 마음에 드는지 한 손으로 만지며 대답했다.

"오늘 아침에 샀어요. 토요일의 심리 클럽에서 배우는 것들을 잘 적어 두려고요."

"마침 오늘은 우리가 돈을 쓸 때 갖게 되는 비합리적인 마음에 대해 알아보기로 했지? 학교에서 소비는 합리적이어야 한다고 배웠을 거야. 그런데 지난번에도 알게 되었듯이 우리 마음에는 비합리적인 면이 많아. 그런 면이 우리 소비에 어떤 영향을 주는지 같이 생각해 보자. 심리 실험들을 하면서 말이야."

선생님은 교실 앞으로 돌아가 교탁 위에 서로 다른 상표의 생수병 두 개를 올려놓았다.

"여기 오는 길에 목이 말라서 물을 샀어. 이 두 생수는 값도 똑같고 양도 똑같아. 마셔 보니까 물맛도 똑같던걸. 둘 다 믿을 만한 회사에서 나왔으니 품질에 이상이 없다는 점도 똑같겠지. 너희라면 어떤 걸 사겠니?"

용이가 장난기 어린 말투로 말했다.

"선생님도 참. 그렇게 똑같으면 그냥 아무거나 사면 되겠네요."

안나는 혹시나 두 생수병에 무슨 결정적인 차이가 있나 싶어서 뚫어지게 바라보았다. 하지만 디자인이 약간 다른 것 빼고는 별다른 차이를 발견하지 못했다. 슈퍼마켓에서 둘 중 하나를 골라야 한다면 그냥 가까이 있는 생수병을 집을 것 같았다.

선생님이 다시 말했다.

"참, 미처 얘기하지 못했는데 이 두 생수에는 다른 점이 하나 있어. 슈퍼마켓에 가 보니까 오른쪽에 있는 생수는 많이 진열되어 있는데 왼쪽에 있는 생수는 몇 개밖에 없더라고. 왼쪽 생수는 열 개만 한정 판매하는 상품이었던 거지. 그나마도 이미 사 간 사람들이 있어서 세 개밖에 안 남았고. 자, 이제 어느 쪽을 사겠니?"

용이가 이번에는 약간 주저하며 말했다.

"한정 판매를 한다는 건…… 뭔가 특별한 점이 있다는 뜻 아닐까요?"

"좀 전에 말했듯이 값도 맛도 다 똑같은데?"

"그래도…… 저라면 한정 판매하는 물을 살래요."

"그렇구나. 다른 친구들 의견도 들어 볼까? 주영이라면 어떻게 하겠니?"

주영이는 두 생수병을 다시 쳐다보고 고개를 갸웃하며 말했다.

"음, 저도 한정 판매하는 쪽을 선택할 것 같아요. 다른 건 언제든지 살 수 있지만 이건 지금밖에 살 수 없을지도 모르니까요."

선생님이 빙그레 웃었다.

"그래? 비합리적이라는 생각이 들지 않니? 내야 하는 비용도 같고 물을 마셔서 얻게 되는 만족감도 같은데 단지 한정 판매라는 이유만으로 산다는 게?"

아이들은 서로 눈치만 볼 뿐 아무도 대답하지 않았다.

그때 갑자기 용이가 말했다.

"선생님, 안나는요, 한정 판매라고 해서 입지도 않는 옷을 산 적도 있는걸요, 헤헤."

안나는 용이를 흘겨보았다. 하지만 선생님과 아이들의 눈이 모두 자신에게 쏠리자 마지못해 털어놓았다.

"얼마 전에 용이랑 같이 옷 구경하다가 괜찮은 치마를 발견했는데…… 저한테 맞는 사이즈가 달랑 하나만 남았다는 거예요. 그래서 덜컥 사 버렸어요. 근데 막상 집에서 입어 보니까 별로더라고요. 그치만 교환하러 가기 귀찮아서 그냥 옷장에 처박아 뒀어요."

이야기를 마친 안나는 민망해서 용이를 툭 쳤다. 용이는 안나의 기분을 아는지 모르는지 히죽히죽 웃기만 했다.

선생님이 미소를 지으며 말했다.

시즌 OFF 30% 세일
이라고 해서 산 티셔츠

1+1 이벤트라서 산 티셔츠

하나밖에 안 남아서
산 치마

"그건 어른들도 자주 저지르는 실수야. 백화점이나 대형 마트에 가면 한정 판매하는 상품 앞에 줄이 길게 늘어서 있지? 사람들은 당장 쓸모가 없는 물건인데도 한정 판매라고 하면 금세 혹해서 자기도 모르게 지갑을 열곤 해. 원래는 관심 없던 것이라도 쉽게 가질 수 없다고 하면 오히려 더 갖고 싶어지는 심리 때문이야. 이런 걸 희귀성의 법칙이라고 부르지."

주영이가 말했다.

"홈쇼핑에서 판매 시간을 제한하는 것도 비슷한 원리 같아요."

"이야, 주영이가 좋은 예를 들어 줬네. 홈쇼핑을 볼 때 쇼핑 호스트가 몇 분밖에 안 남았다고 얘기하면 꼭 사야 할 것 같은 초조한 감정이 들지. 이것도 희귀성의 법칙 때문이야."

선아가 무언가 생각난 듯 손을 들었다.

"선생님, 「TV 쇼 진품 명품」을 보면요, 옛날 도자기나 가구 같은 것에 무지 비싼 값을 매기잖아요. 이런 것도 희귀성의 법칙이라고 할 수 있나요?"

"맞아. 골동품이 비싼 건 그게 정말로 몇 개밖에 안 남은 물건이기 때문이지. 그런 경우까지 비합리적이라고 할 수는 없어. 우리가 조심해야 하는 건 평소에 돈을 쓸 때 희귀성의 법칙에 넘어가서 원래 의도하지 않았던 물건까지 충동구매를 하는 경우야."

선아가 살짝 뻐기며 말했다.

"그래서 전 용돈 기입장을 써요. 그러면 계획적으로 용돈을 쓸 수 있거든요."

선생님은 추임새를 넣듯 교탁을 두 손으로 탁 쳤다.

"그거야! 어른들이 가계부를 쓰듯이 너희는 용돈 기입장을 쓰면 도움이 많이 될 거다. 희귀성의 법칙에 넘어가지 않고 충동구매를 막는 방법이 또 뭐가 있을까?"

주영이가 말했다.

"저희 아빠가 알려 준 방법인데요, 갑자기 뭘 너무 사고 싶어지면 눈을 돌리고 1부터 10까지 천천히 세는 거예요. 그럼 마음이 가라앉아서 그게 꼭 필요한 물건인지 다시 생각하게 돼요."

안나도 부모님이 장을 보러 갈 때 메모지를 가져가던 모습이 생각나서 말했다.

"사야 하는 것을 미리 적어서 가져가면 충동구매를 줄일 수 있어요. 저희 엄마 아빠도 메모지에 적어 놓은 물건만 골라서 사요."

하지만 안나는 그런 부모님조차 가끔 희귀성의 법칙에 넘어가 충동구매를 저지른다는 사실은 말하지 않았다. 바로 지난 주말의 일이었다. 오후 느지막이 마트에 간 안나네 가족은 이날도 메모지에 적어 둔 물건만 골라 쇼핑 카트에 넣고 있었다. 그때 한쪽에서 "자, 마지막 남은 고급 등산화를 폭탄 세일합니다! 저희 매장에만, 그것도 딱 다섯 켤레만 남아 있는 등산화입니다!" 하고 외치는 소리가 들렸다. 폭탄 세일이라지만 여전히 비싼 가격인데도 아빠는 그 앞을 떠날 줄 몰랐다. 결국 등산화는 쇼핑 카트에 담겼고 엄마는 계산을 하면서 아빠에게 눈을 흘겼다.

'내가 가끔 희귀성의 법칙에 넘어가는 건 다 아빠를 닮아서야.'

그날 엄마 아빠의 모습을 떠올리던 안나는 종찬이의 목소리에 다시 정신을 차렸다.

"반품과 환불이 가능한지 확인해야 해요. 혹시 충동구매를 하더라도 되돌릴 수 있게요."

선생님이 고개를 끄덕였다.

"다 맞는 말들이네. 물론 희귀하기 때문에 진짜로 더 귀한 것도 있어. 보석이라든지 아까 선아가 말했던 골동품이라든지 말이야. 하지만 단지 희귀하다는 이유만으로 마음이 쏠려서 충동구매를 하는 건 비합리적인 소비지. 방금 너희가 이야기한 방법을 항상 기억해 두면 충동구매가 훨씬 줄어들 거야."

안나는 다시 아빠를 떠올렸다. 아빠는 등산화를 사 놓고서도 회사 일이 바빠서 한 번도 등산을 가지 못했다. 안나가 산 치마가 옷장 한구석에 얌전히 걸려 있듯 등산화는 신발장에서 자리만 차지하고 있었다.

'오늘 집에 가면 아빠한테 희귀성의 법칙에 대해 알려 줘야지!'

하나가 좋으면 다 좋다?

후광 효과

최이고 선생님이 화제를 돌렸다.

"요즘 학생들은 공부해야 할 게 너무 많지? 혹시 논술 공부도 하고 있니?"

안나는 선아를 돌아보았다. 공부와 관련된 이야기가 나왔으니 할 말이 많을 것 같았다. 아니나 다를까, 선아가 먼저 입을 열었다.

"중학생인데 당연하죠. 초등학생도 배우는걸요. 저도 계속 논술 지도를 받았어요. 지금은 방과후학교에서 논술 수업을 듣고 있고요."

"논술 수업에서는 글을 자주 쓰겠구나?"

"그럼요. 논술 선생님이 학생들 글을 읽어 보고서 고칠 점을 지적해 줘요."

안나도 고개를 끄덕였다. 논술 학원은 안나가 6학년 때부터 방학마다 꼭 가는 필수 코스였다.

선생님이 가방에서 종이 더미를 꺼냈다. 안나는 첫 시간에도 선생님이 종이 더미를 꺼냈던 것이 떠올랐다. 그때의 종이 더미는 바넘 효과를 알려 주기 위한 엉터리 심리 테스트였다. 오늘은 무엇일까?

"자, 이번 시간에는 너희가 직접 논술을 채점해 보는 거야. 이 원고지에는 '빈부 격차의 문제점을 논하시오.'라는 주제에 대한 논술이 적혀 있어. 자세하게 첨삭까지 할 필요는 없고 1부터 10까지 점수를 매기면 돼. 그렇다고 대충대충 읽으면 안 된다. 자고로 글을 잘 쓰려면 남의 글도 주의 깊게 읽어야 하는 법이지."

주영이가 잘 이해가 되지 않는다는 표정으로 말했다.

"선생님, 지금 저희가 해야 하는 건 돈 쓸 때 조심해야 하는 비합리적인 심리에 대한 실험이잖아요. 그게 빈부 격차의 문제점을 논하는 거랑 무슨 관련이 있어요?"

"예리한 질문! 그야…… 합리적인 소비나 빈부 격차의 문제점이나 넓게 보면 다 경제에 속하는 문제니까. 그리고 눈치챘는지 모르겠지만 너희가 이 논술을 채점하는 것도 심리 실험이야. 여기가 어디냐, 바로 토요일의 심리 클럽 아니니?"

안나는 선생님의 대답이 어쩐지 수상하다고 느꼈다. 무언가 숨기고 있는 것 같았다. 하지만 일단 순순히 원고지를 받았다.

'어쨌든 이것도 심리 실험이라니까 뭐.'

그런데 원고지를 보자 안나는 눈살이 절로 찌푸려졌다. 글씨가 눈에 너무 거슬렸다. 발로 썼나 싶을 정도로 삐뚤삐뚤한 악필이었다. 아예 못 알아볼 정도는 아니었지만 눈을 부릅뜨고 한 글자씩 천천히 읽어야 했다. 안나는 용이가 받은 원고지를 슬쩍 넘겨보았다. 그 원고지에 있는 글씨들은 아주 단정했다. 안나는 속으로 투덜거렸지만 어쩔 수 없는 노릇이었다.

'완전 복불복이잖아, 칫.'

그래도 안나는 논술을 꼼꼼히 읽어 내려갔다. 빈부 격차라면 아주 낯선 주제는 아니었다. 안나도 학원에서 다양한 경제 문제에 대한 논술을 여러 번 써 보았다.

'무난하긴 한데 너무 개성이 없는걸. 참고서에서 본 듯한 답변이야.'

안나는 6점과 7점 사이에서 잠시 고민하다가 결국 6점을 주었다.

아이들이 모두 채점을 끝내자 선생님은 원고지를 걷어서 점수를 확인했다.

"어디 보자. 용이는 10점, 선아는 8점을 줬네. 주영이와 안나는 똑같이 6점이고 종찬이는…… 음, 0점. 왜 이렇게 평가했는지 궁금하구나. 용이부터 차례대로 말해 볼까?"

용이가 머리를 긁적이며 말했다.

"제가 남의 논술을 채점한다는 거 자체가 웃긴 일인데. 전 글 되게 못 쓰거든요. 거기 적힌 근거가 다 그럴듯해서…… 하여튼 저보다는 훨씬 잘 써서 통 크게 만점 줬어요, 히히."

선생님의 시선이 선아를 향하자 선아가 입을 열었다.

"제가 읽은 논술도 그럭저럭 잘 쓴 편이었어요. 일목요연하게 정리했더라고요."

이번에는 낮은 점수를 준 아이들 차례였다. 안나가 말했다.

"뭔가 결정적인 근거가 부족하다고 해야 하나……. 전체적으로는 그냥 그랬어요."

안나와 같은 점수를 준 주영이가 이어서 말했다.

"제가 받은 것도요. 이것저것 죽 나열하긴 했지만 좀 억지스러운 것 같았어요."

마지막으로 종찬이가 말했다.

"너무 악필이라 읽다 말았어요. 그래서 0점이에요."

심드렁하기도 하고 까칠하기도 한 종찬이의 태도에 교실 안에는 찬바람이 횡 불었다. 썰렁함을 몰아내려는 듯 주영이가 나섰다.

"어우, 그래도 남이 기껏 쓴 건데 다 읽어 줘야지. 내 것도 만만찮은 악필인걸. 읽느라 눈 빠지는 줄 알았네."

선생님이 주영이에게 물었다.

"악필이라는 점이 점수를 매길 때 영향을 끼쳤니?"

주영이가 단호한 말투로 대답했다.

"그건 아니에요. 전 내용만 보고 공정하게 판단했어요."

안나는 조금 전 자신이 점수를 매기던 상황을 떠올려 보았다. 글씨가 한눈에 들어오지 않아 애를 먹긴 했지만 결코 악필이라고 해서 일부러 점수를 깎지는 않았다. 안나도 주영이처럼 글의 내용이 아닌 다른 것에 영향을 받지 않았다고 자신 있게 말할 수 있었다. 뿌듯한 기분마저 들었다.

하지만 선생님이 커다란 웃음소리와 함께 꺼낸 말은 안나의 자신감을 와르르 무너뜨렸다.

"으하하, 점수가 이렇게 다르다니 재밌다, 재밌어. 사실 너희가 본 글은 단어 하나까지 완전히 똑같은 거야. 논술 대회에 응모한 글을 구해다 내가 직접 옮겨 적었지."

아까 용이가 받은 원고지를 슬쩍 보았던 안나는 선생님의 말이 이해가 되지 않았다.

"전부 선생님 글씨라고요? 용이 거랑 제 거랑 글씨체가 완전히 다르던데요?"

"일부러 그렇게 한 거야. 한쪽은 보기 편한 글씨로, 또 한쪽은 악필로. 악필을 쓰느라 고생 좀 했지. 난 어릴 적에 붓글씨를 배워서 나름 명필이거든, 하하."

방금 전 자신 있게 목소리를 높였던 주영이가 안나를 돌아보았다. 둘은 머쓱한 미소를 주고받았다. 주영이가 선생님에게 말했다.

"그러니까 저도 모르게 글씨에 영향을 받아서 점수를 짜게 준 거라는 말씀이죠?"

"그렇지. 채점하는 사람에 따라 평가가 달라진 면도 있겠지만 악필로 쓴 글에 대체로 점수가 낮은 건 아무래도 글씨 영향이 크다고 봐야겠지? 우리는 **후광 효과**라는 것을 경험한 거야. 서양의 옛 명화에서 천사 머리 뒤에 그려진 환한 빛을 본 적 있지? 그 빛이 후광(後光)이야. 후광 효과란 무언가를 평가할 때 어떤 한 가지 특성을 보고서 직접 관련이 없는 다른 특성까지 평가하게 되는 현상을 말해. 비록 악필이어도 글의 내용은 더없이 훌륭할 수도 있잖니? 반대로 한석봉이 한 글자, 한 글자 정성 들여 쓴 글이라도 논리는 엉망진창일 수 있고. 하지만 너희는 글씨에 따라 점수가 갈렸지."

"이것도 실제로 했던 심리 실험과 관련 있는 거예요?"

"물론! 심리학자 리처드 니스벳이 1977년에 이런 심리 실험을 했어. 사람들을 두 그룹으로 나눠서 각각 다른 비디오를 보여 준 거야. 한 비디오에서는 교사가 학생들에게 친절하게 대했고 다른 비디오에서는 딱딱하게 대했지. 사실 교사가 말하는 내용은 완전히 똑같았는데도 친절한 모습을 본 사람들이 교사의 실력을 더 높

리처드 니스벳 Richard E. Nisbett, 1941~
미국의 심리학자. 현재 미시건 대학교 사회심리학 교수다. 1920년 에드워드 손다이크(Edward Thorndike, 1874~1949)가 처음 주목한 후광 효과는 리처드 니스벳의 실험을 통해 더욱 널리 알려졌다. 최근 그는 동양과 서양의 사고방식 차이에 관심을 기울이고 있다.

게 평가했어. 그러고서도······."

"그러고서도 자신이 교사의 태도에 영향을 받았다는 사실을 알지 못했고요?"

선생님은 빙그레 웃으며 박수를 쳤다.

"그래그래. 와, 주영이가 어엿한 심리학자가 돼 가는구나."

선아가 의아해하는 목소리로 물었다.

"선생님, 그 후광 효과라는 건 이해가 되고 그게 비합리적이라는 것도 알겠는데요, 돈을 쓰는 거랑은 무슨 관계예요? 저는 논술에서 글씨를 잘 써야 한다는 교훈밖에 모르겠어요."

그러자 선생님이 기다렸다는 듯이 차근차근 설명해 나갔다.

"사실 후광 효과는 일상생활에서 시시때때로 일어난단다. 단지 어떤 사람의 생김새가 험악하다고 해서 범죄자라고 의심하는 일이 종종 있지? 이런 것도 후광 효과에 포함돼. 하지만 내가 소비와 관련해서 후광 효과를 소개한 건 특히 너희 또래 청소년들이 자주 저지르는 실수 때문이야. 바로 광고 모델과 관련된 거란다. 인기 가수나 스포츠 스타가 등장하는 광고를 보고 그 물건을 산 일이 다들 한 번쯤은 있지?"

안나가 용이를 툭 치며 말했다.

"선생님, 용이가 지금 입고 있는 옷은요, 소녀시대가 광고하는 브랜드예요. 용이는 소녀시대라면 완전 뒤로 넘어가거든요."

아까 용이가 안나의 실수를 폭로한 것에 대한 나름의 복수였다.

용이는 안나의 복수에도 그저 실실 웃으며 대답했다.

"소녀시대가 광고하는데 내가 당연히 사야지!"

선생님이 용이에게 물었다.

"소녀시대가 그 옷에 대해 뭐라고 광고를 했니?"

"음…… 별말은 안 했어요. 그냥 광고에 나와서 춤추고 노래하고 마지막에 다 같이 브랜드 이름을 외쳤죠. 그걸 보고 그 브랜드 옷이 사고 싶어졌어요."

"그래, 그런 게 바로 후광 효과야. 사실 광고에 나오는 연예인은 그 제품과 거의 관련이 없어. '이건 정말 좋은 물건이에요.'라든지 '제가 직접 써 보니까 참 효과가 좋더라고요.'라고 말하기도 하지만 그 말조차도 돈을 받고서 그 기업이 시키는 대로 하는 것뿐이야. 그런데도 우리는 광고 모델에 대한 호감을 제품에 대한 호감으로 연결시켜서 그 제품을 사곤 하지. 특히 나이 어린 청소년일수록 그러는 경우가 많아. 사람들은 연예인이 잠깐 동안 광고를 찍고 몇 억씩이나 받는다고 불평하지. 하지만 광고주들이 그런 큰돈을 기꺼이 주는 건 소비자가 후광 효과 때문에 비합리적으로 판단해서 그 물건을 산다는 점을 잘 알기 때문이야."

용이의 비합리적인 행동을 밝히긴 했지만 사실 안나도 좋아하는 연예인이 나오는 광고를 보면 그 제품을 사고 싶은 마음이 들기는 마찬가지였다. 안나는 꽃미남 탤런트가 선전하는 음료수만 골라서 마신 적도 있고, 인기 정상의 여자 가수가 선전하는 테마

소녀시대도
좋아하는
굽자치킨!

파크에 놀러 가고 싶어 부모님을 조른 적도 있었다.

"합리적인 소비를 위해서 조심해야 하는 후광 효과가 또 있어. 대기업이 자주 이용하는 방식인데, 잘 알려진 브랜드를 가지고 이 제품 저 제품을 마구잡이로 만들어 내는 거지. 사람들은 이름이 주는 후광 효과에 쉽게 넘어가곤 하거든. 그리고 대형 마트에서 다른 곳에 비해 값싼 물건을 대대적으로 선전하는 것도 후광 효과를 이용하는 거야. 그러면 소비자는 다른 물건까지 덩달아 싸다고 착각하기 때문이지."

그때 종찬이가 손을 들었다.

"선생님 말씀은 잘 알겠어요. 하지만 광고 모델을 보고 덥석 물건을 사는 건 저희 같은 청소년만 하는 실수는 아닌 것 같아요. 아파트나 자동차같이 우리는 절대 살 수 없는 값비싼 제품의 광고일수록 가장 인기 있는 연예인이 등장하잖아요."

안나의 고자질에 넉살 좋게 대답했던 용이처럼 선생님도 뒷머리를 긁적이며 선선히 종찬이의 지적을 받아들였다.

"아, 그런가? 듣고 보니 정말 그렇네. 이거 내가 큰 실수를 저질렀구나. 나이가 많든 적든 우리 모두 후광 효과를 조심해야 한다고 말을 바꿔야겠다."

선아가 다시 글씨 이야기를 꺼내며 끼어들었다.

"어쨌든 논술을 쓸 때 글씨가 중요하다는 것도 후광 효과가 주는 교훈인 것 같아요. 잘못하면 0점을 받을 수도 있잖아요."

"선아 말도 맞아. 글씨는 마음의 거울이라는 말도 있잖니? 후광효과가 비합리적인 면이 있기는 하지만 후광 효과를 적절히 이용하는 것도 살아가는 데 도움이 되지."

그때 용이가 안나에게만 들리게 작은 목소리로 중얼거렸다.

"그래도 나는 소녀시대가 광고하는 것만은 포기할 수 없는걸."

"하여튼 못 말려!"

그동안 쏟아부은 돈이 얼만데!

매몰 비용의 오류

두 번의 심리 실험을 하다 보니 시간이 제법 흘렀다. 어느새 토요일의 심리 클럽 앞에는 오늘의 마지막 심리 실험이 남아 있었다.

실험을 시작하기 전에 최이고 선생님이 제안했다.

"우리 토요일의 심리 클럽은 나까지 포함해 여섯 명뿐이니까 자리 구성을 바꿔 보자. 내가 교탁 앞에 이렇게 서 있는 것보다 너희랑 같이 모여 앉으면 어떻겠니?"

"네, 좋아요!"

아이들과 선생님은 책상들을 이리저리 옮겨서 둥글게 배치했다. 모두 여섯 명이 원탁에 둘러앉은 듯한 모양새가 되었다. 안나는 새로운 자리 배치가 마음에 들었다. 선생님과도, 다른 아이들과도 더 가까워진 느낌이었다. 더욱 기분 좋은 사실은 항상 저 뒤편에 있던 종찬이가 바로 옆에 앉게 된 것이었다.

용이와 주영이 사이에 앉은 선생님이 말했다.

"둥글게 앉으니까 내가 십오 년은 젊어져서 너희 친구가 된 것 같은걸. 그래서 말인데, 선생님이 아니라 친구로서 너희 조언을 듣고 싶어. 심리학적으로다가 말이야."

주영이가 고개를 갸우뚱하며 물었다.

"선생님이 심리학자면서 저희한테 심리학적인 조언을 해 달라고요?"

선생님이 씩 미소를 지었다.

"그러지 말라는 법 있니? 학생이 어른의 조언을 듣는 것도 중요하지만 어른도 때로는 어린 친구들의 의견을 들을 필요가 있지."

"선생님도 고민이 있나요?"

"당연하지. 이 세상에 고민 없는 사람은 없을걸."

선생님은 아이들을 쓱 둘러보고서 질문을 던졌다.

"너희 뮤지컬 좋아하니? 나는 올해부터 뮤지컬을 보러 다니기 시작했는데 참 재미있더라. 이 재미난 걸 왜 그동안 모르고 살았나 싶더라니까."

뮤지컬이라는 말에 용이가 신이 난 목소리로 나섰다.

"전 유명한 뮤지컬은 꼭꼭 챙겨 봐요. 나중에 뮤지컬 무대에 설 생각이거든요."

"그래? 용이 너는 아이돌이 되고 싶어 하는 줄 알았는데."

"에이, 선생님은 벌써 구세대라서 잘 모르시는구나. 요즘 아이돌 스타들이 뮤지컬에 얼마나 많이 나오는데요. 그러니까 저도 뮤지컬을 하게 될 거예요."

"어이쿠, 이거 말 잘못했다가 졸지에 구세대가 됐구나, 하하. 나는 얼마 전에 「빌리 엘리어트」라는 작품을 봤어. 너희도 이 작품 제목을 한 번쯤 들어 봤지?"

안나는 그 뮤지컬을 보지는 않았지만 원작인 영화를 봐서 내용을 잘 알고 있었다. 가난한 탄광촌에 사는 소년 빌리는 우연히 발레를 배우게 되고 점점 재능을 보인다. 광부인 아버지는 아들이 춤을 추는 것에 반대하지만 그럼에도 빌리는 발레를 향한 꿈을 포기하지 않는다. 안나와 함께 영화 「빌리 엘리어트」를 본 용이는 빌리가 딱 자기 모습이라며 감동을 받은 표정이었다. 그때만 해도 안나는 용이만큼 큰 감흥은 없었다. 하지만 꿈에 대해 진지하게 고민하기 시작한 요즘은 문득문득 빌리 엘리어트가 떠오르곤 했다.

용이는 좋아하는 작품의 제목이 나오자 더 반색을 했다.

"아, 저도 그거 알아요. 영화만 보고 뮤지컬은 아직 보지 못했어요. 제가 몇 살만 어렸으면 빌리 역 오디션에 도전했을 텐데. 아우, 아쉽다. 선생님, 뮤지컬 「빌리 엘리어트」도 영화만큼 재미있어요?"

"나는 영화는 안 봐서 비교하긴 어렵지만 뮤지컬만으로도 아주 흥미로웠어. 시간이 어떻게 흘렀는지 모를 정도였으니까. 하지만 모든 뮤지컬이 그렇게 재미있는 것만은 아니더라. 한 친구가 뮤지컬 초대권을 선물해 줘서 봤는데 이 작품은 어찌나 재미가 없던지 졸린 걸 겨우 참다가 결국 중간에 나와 버렸지. 이 자리에 그 뮤지컬과 관련된 사람이 있을까 봐 제목은 비밀에 부칠게. 혹시라도 항의가 들어오면 안 되니까, 하하."

선생님이 농담을 던졌지만 아이들의 반응은 영 썰렁했다. 뭘 그런 걸 다 걱정하느냐는 표정뿐이었다. 선생님은 헛기침을 몇 번 하고는 이야기를 계속했다.

"그래서 내 고민이 뭐냐 하면 말이야, 내가 내일 또 다른 뮤지컬을 보게 되었거든. 이번에는 초대권으로 보는 게 아니라 내가 직접 예매해서 보는 거지. 무려 십만 원이라는 큰돈을 들였는데 인터넷을 찾아보니 이 뮤지컬에 대한 평이 엇갈리는 거야. 자기 생애 그렇게 지루한 뮤지컬은 처음이었다는 사람도 있고, 제법 볼만했다는 사람도 있고. 만약 그 뮤지컬이 저번처럼 영 재미가 없으면 어떡하지? 계속 보자니 그 시간이 너무 괴로울 것 같고, 그렇다고 중간에 나오자니 표값이 아깝고. 극장 안에서 이런 상황이 닥쳤을 때 내가 어떻게 행동하면 좋겠니? 너희가 조언 좀 해 주라."

이번에도 용이가 먼저 나섰다. 뮤지컬 이야기가 나오니 더 활달해진 듯했다.

"와, 십만 원짜리 표면 꽤나 좋은 자리인가 봐요. 그렇게 비싼 표를 샀으니까 재미없는 뮤지컬이라 해도 그냥 끝까지 봐야 하지 않을까요?"

선아도 같은 의견이었다.

"재미없다고 중간에 나가면 십만 원을 그냥 날리는 셈이잖아요. 그건 비합리적인 소비라고 생각해요."

안나는 머리를 굴렸다. 분명히 선생님이 심리학적인 조언을 구한다고 처음에 밝혔으니 그런 쪽으로 궁리해야 할 것 같았다.

"음, 그 뮤지컬을 보면서 '이 뮤지컬은 재미있다.' 하고 스스로에게 끊임없이 주입하면 어떨까요? 그러면 재미없는 뮤지컬이라도 재미있게 느껴질지 몰라요."

주영이가 안나를 거들었다.

"안나가 선수 쳤네요, 하하. 저도 딱 저런 얘기를 하려고 했는데. 심리학적으로다가 이게 가장 적절한 해결책인 것 같아요."

주영이의 말에 안나는 으쓱해졌다. 그런데 그때 옆에서 종찬이가 거의 들리지도 않는 목소리로 중얼거렸다.

"나라면 그냥 나갈 텐데……."

종찬이의 혼잣말을 들은 사람은 안나뿐인 듯했다. 조금 전 으쓱했던 기분이 종찬이의 한마디에 금세 사라져 버렸다. 그래도 안나는 자신의 의견이 옳은 것 같았다.

'괜히 무안하네. 내 말이 틀린 것도 아닌데. 주영이 언니도 나랑 같은 생각이라고 했잖아.'

그런데 종찬이의 말을 들은 사람이 또 있었다. 바로 선생님이었다.

　"방금 종찬이가 뭐라고 한 것 같은데? 종찬이 생각은 좀 다른가 보지?"

　"전 재미없는 공연을 무조건 계속 보고 있는 건 시간 낭비 같아요. 선생님도 아까 먼젓번 뮤지컬을 볼 때는 중간에 나왔다고 하셨잖아요."

　주영이가 끼어들어 종찬이에게 말했다.

　"큰 차이점이 있잖아. 그건 공짜로 본 공연이었지만 이번 건 십만 원짜리 공연이라고."

　"그래도 재미없는 건 재미없는 거지. 나한테는 그게 더 중요한걸."

　종찬이는 선생님을 바라보았다. 이제 선생님이 말해야 할 차례라는 의미를 담은 눈길이었다. 다른 아이들의 눈도 일제히 선생님에게 쏠렸다.

　선생님은 아이들의 시선을 즐기듯 잠시 싱글거리기만 하다가 마침내 입을 열었다.

　"매몰 비용의 오류라는 심리 현상이 있어. 어떤 대상에 대해 이미 많은 비용을 치른 사람이 그 비용 때문에 그 대상에 비합리적으로 집착하는 거야. 말이 좀 어렵지? 다시 찬찬히 설명해 볼게. 매몰 비용이란 이미 내 손을 떠나서 다시는 되찾을 수 없는 비용이야. 여기서 비용은 돈일 수도 있고 시간이거나 노력일 수도 있어. 우리가 미래의 일을 선택할 때는 그 일이 이익을 줄 것이냐 손해를 줄 것이냐 따져야지, 그동안 쓴 매몰 비용이 얼마인지 따져서는 안 돼. 앞으로 무슨 선택을 하든 매몰 비용은 절대 돌아오지 않기 때문이지. 그런데 오히려 매몰 비용에 집착하다가 그릇된 결정을 내려서 결국 더 큰 손해를 부르게 되는 게 매몰 비용의 오류야."

선생님이 설명을 마쳤지만 아이들은 여전히 잘 모르겠다는 표정으로 눈을 끔뻑거릴 뿐이었다. 선생님은 아이들의 분위기를 금세 눈치채고 말을 이어 갔다.

"역사 속의 예가 있으니까 들어 보렴. 1981년 미국의 국회에서 운하 사업을 두고 논쟁이 벌어졌어. 그 운하는 완공된다 해도 과연 효과가 있을지 의심스러운 상황이었어. 그때 한 상원 의원이 이렇게 말했지. '이미 10억 달러가 넘게 들어간 운하 사업을 이대로 중단하는 것은 국민의 세금을 허비하는 셈입니다.' 또 다른 상원 의원은 이렇게 말했어. '운하를 완성시키는 것은 세금 낭비가 아닙니다. 하지만 운하 공사를 중단하는 것은 그동안 들인 세금을 버리게 되는 것입니다.' 요즘 우리나라에도 비슷한 말을 하는 공무원들이 있더라, 하하. 언뜻 그럴듯한 논리 같지만 한번 따져 보자. 이미 운하 공사에 들어간 세금은 매몰 비용이지. 10억 달러나 되는 세금이 아깝긴 하지만 단지 그 이유로 공사를 계속해야 한다는 논리는 매몰 비용의 오류야. 잘못된 공사를 계속했다가는 더 큰 세금

낭비가 될 테니까. 이건 심각하게 비합리적인 소비지."

그제야 안나는 매몰 비용의 오류가 어느 정도 이해되었다. 다른 아이들도 고개를 끄덕였다. 안나는 뮤지컬 표와 매몰 비용의 오류를 연결해서 생각해 보았다. 선생님의 의도가 어렴풋이 짐작이 갔다.

"선생님이 뮤지컬 표를 사는 데 쓰신 십만 원도 매몰 비용인 거예요?"

안나의 질문에 선생님의 얼굴에는 흐뭇한 미소가 떠올랐다.

"정답! 초대권으로 간 뮤지컬은 매몰 비용이 없기 때문에 아무 미련 없이 중간에 나오는데, 비싼 표를 사서 간 뮤지컬은 매몰 비용 생각에 판단력이 흐려져서 억지로 끝까지 자리를 지키게 되지. 종찬이 말이 맞아. 매몰 비용이 얼마든 재미없는 건 재미없는 거야. 하품 나는 뮤지컬을 굳이 끝까지 봐야 할까? 지루한 시간을 참느니 차라리 다른 일을 하는 게 합리적인 소비지. 다시 한 번 강조하지만 매몰 비용은 절대 되찾을 수 없는 비용이니까 거기 연연해서는 안 돼."

그때 주영이가 조금 실망한 목소리로 말했다.

"선생님, 저희한테 심리학적인 조언을 구하신다는 건 거짓말이었던 거예요? 이것도 결국 심리 실험이잖아요."

"에구, 내가 또 양치기 소년이 됐나? 너희가 좀 더 실감 나게 심리 실험을 했으면 해서 내 나름대로 궁리한 건데. 내가 요즘 뮤지컬을 자주 보러 다니는 건 사실이야. 내일 뮤지컬을 보러 갈 계획인 것도 맞고. 그리고 언젠가는 진짜로 너희 조언을 필요로 할 때가 있을 거야. 어른도 어린 친구들의 의견에 귀 기울여야 한다는 말은 진심이거든."

용이가 끼어들었다.

"근데 뮤지컬 막판에 좋은 노래를 듣게 될 수도 있잖아요. 지루했던 걸 다 날려 버릴 만큼 기가 막히게 좋은 노래요. 그러니까 좀 기다릴 줄도 알아야 해요. 인내심을 가져야죠."

"어, 생각해 보니 그렇네. 때로는 기다릴 필요도 있겠는걸."

"그리고 아무리 재미없더라도 공연 중간에 나가는 건 좀 아니라고 봐요. 그러면 무대 위에 있는 배우들이 얼마나 힘이 빠지겠어요? 배우들 입장도 생각해 주셔야죠."

자신의 관심사와 관련된 것이라 그런지 용이는 사뭇 진지해 보이기까지 했다.

"이야, 용이는 벌써 뮤지컬 배우가 된 것 같구나. 그래, 용이 말도 맞다. 내일 뮤지컬을 볼 때는 혹시 재미없더라도 용이를 생각해서 끝까지 자리를 지킬게."

주영이가 궁금한 점이 아직 남았는지 다시 질문을 던졌다.

"선생님, 매몰 비용의 예가 또 있을까요?"

"그럼, 여러 가지가 있지. 너희가 살아가다 보면 삶의 목표나 미래의 꿈을 바꾸고 싶을 때가 있을 거야. 그럴 때 거기에 쏟은 매몰 비용에 연연하느라 변화를 두려워해서는 안 돼. 자신이 진정으로 원하는 새로운 목표를 향해 다시 노력해야지. 언제나 과거보다는 미래가 중요하니까 말이야."

선생님의 이 말이 안나의 마음에 와서 콕 박혔다. 마치 선생님이 안나의 고민을 알고서 일부러 매몰 비용의 오류 이야기를 꺼낸 것만 같았다. 오늘 심리학적인 조언을 얻은 사람은 다름 아닌 안나였다.

선생님이 모임을 마무리하며 말했다.

"다음 시간은 중간고사가 지난 후에 있겠구나. 올해 들어 첫 번째 시험이지? 그러고 보니 매몰 비용의 오류를 시험과 연결해서 생각해 볼 수도 있겠네. 혹시 1교시를 망쳤더라도 거기에 너무 신경 쓰지 마라. 그러다 2교시까지 망칠 수 있으니까."

선아가 손을 들었다. 우등생 선아다운 질문이 나왔다.

"선생님, 시험에 도움이 되는 심리 실험은 없나요?"

"그렇지 않아도 다음번에는 공부나 기억에 대한 심리 실험을 할 거야. 너희가 공부할 때 응용할 수 있게 말이지. 물론 실제로 공부를 하려는 건 아니니까 염려 붙들어 매시고. 자, 시험 끝나고 기분 좋은 마음으로 다시 만나자! 난 설레는 약속이 있어서 빨리 가 봐야겠다. 안녕!"

선생님은 사정을 다 아는 안나와 용이에게 한쪽 눈을 찡긋하고 휙 사라졌다. 안나는 선생님이 조금 걱정되었다. 용이가 다가와 말했다.

"최이고 선생님 괜찮을까? 교장 선생님 성질 장난 아니잖아. 우리 교장실 앞에 한번 가 볼까?"

"그래, 가자."

교장실 앞은 조용했다. 용이가 교장실 문에 귀를 가져다 대 보았다. 안에서는 아무 소리도 새어 나오지 않았다. 그때 문이 드르륵 열렸다.

"으아, 깜짝이야!"

"어라, 용이랑 안나구나. 여기서 뭐 하니? 너희도 교장실에 볼일 있니?"

선생님은 오히려 아까보다 더 밝은 표정이었다. 안나는 어이가 없었다.

"저희는 선생님이 교장 선생님한테 혼날까 봐 걱정돼서 온 거라고요. 괜히 걱정했네."

"아, 그렇구나. 이거 감동인걸. 보다시피 난 괜찮아. 교장 선생님이 얼마나 좋은 분인데. 가끔 심통을 부리시긴 해도, 하하. 내가 너희만 할 때 교장 선생님을 만나지 않았다면 나는 지금 여기 있지 못할 거야."

또다시 교장실 문이 열렸다. 이번에 나온 사람은 당연하게도 교장 선생님이었다. 안 그래도 딱딱한 교장 선생님의 표정이 더 굳어졌다.

"어허, 집에 안 가고 교장실 앞에서 왜들 이렇게 모여 있나? 나한테 무슨 볼일이라도 있는 게냐?"

안나는 화들짝 놀라 말이 나오지 않았다. 용이마저 살짝 얼어서 더듬거렸다.

"아, 저, 그게…… 헤헤, 최이고 선생님이……."

하지만 돌아보니 최이고 선생님은 흔적도 남기지 않고 사라진 뒤였다. 문 열리는 소리가 들리자마자 잽싸게 도망친 모양이었다. 안나와 용이는 서로 눈짓을 주고받다가 동시에 뛰기 시작했다. 뒤에서 호통이 들려왔지만 계속 뛰었다. 교문을 나선 둘은 마주 보며 한바탕 웃었다.

그 순간 안나는 선생님에게 묻고 싶었던 질문이 떠올랐다.

'이렇게 마음을 알아 가다 보면 꿈도 더 빨리 찾을 수 있을까요?'

선생님의 대답을 듣지는 못했지만 그래도 안나는 어쩐지 조금은 길을 찾은 듯한 기분이 들었다.

● 차 마 직 접 할 수 없 는 심 리 실 험 ●

인지 부조화

여러분, 안녕! 최이고 선생님이에요. 토요일의 심리 클럽과 함께해 주어서 정말 고마워요. 심리학의 세계에 들어온 여러분 모두에게 환영한다는 말을 전하고 싶군요.

　지금 이 순간에도 심리학자들은 세계 곳곳에서 갖가지 기발한 심리 실험에 몰두하고 있답니다. 내가 토요일의 심리 클럽 친구들과 하는 심리 실험은 그중에서도 청소년 여러분이 쉽게 따라 할 수 있는 것들이지요. 하지만 여러분이 따라 하기에는 너무 어렵거나 위험한 심리 실험도 많아요. 그런 심리 실험 가운데서 인간의 비합리성과 관련된 대표적인 실험을 소개해 줄게요.

　때는 1954년의 일입니다. 미국에 사는 매리언 키치라는 평범한 사람이 어느 날 외계의 신으로부터 메시지를 받았다며 이렇게 주장했어요. "1954년 12월 21일 자정에 전 세계가 멸망할 것이다!" 게다가 매리언 키치는 이 예언을 진정으로 믿는 사람만이 UFO에 의해 구출될 거라고 말했지요. 여러분이라면 이 주장에 어떤 반응을 보였을까요? "저 사람 살짝 돌았나 봐." 이랬겠지요? 여러분은 합리적인 청소년이니까요. 그런데 무엇에 홀렸는지 매리언 키치를 따르는 사람들이 생겨난 거예요. 그중에는 심지어 의학 박사도 있었다니 공부를 많이 했다고 꼭 현명해지는 것은 아닌가 봅니다. 하여튼 이 사람들은 가족도 직업도 재산도 버리고 함께 모여 살면서 세상의 종말을 기다렸어요. 외부 사람들과는 아예 연락을 끊었지요.

그런데 레온 페스팅거라는 심리학자가 이 사이비 종교 신자들에게 관심을 가지게 되었어요. 예언이 실현되지 않았을 때 이 사람들이 어떤 반응을 보일지 궁금했거든요. 그래서 레온 페스팅거는 어떤 방법을 택했을까요? 바로 직접 신자가 되는 것이었답니다! 레온 페스팅거와 그의 동료들은 매리언 키치를 열렬하게 믿는 척 연기해서 이 사이비 종교 집단의 일원이 되었어요. "호랑이 굴에 들어가야 호랑이를 잡는다."는 속담이 떠오르지요?

드디어 12월 21일 자정이 다가왔습니다. 매리언 키치와 신자들은 한자리에 모여 UFO를 기다렸어요. 시간은 째깍째깍 흐르고 마침내 자정이 되었습니다. 무슨 일이 벌어졌을까요? 일은 무슨 일! 아무 일도 없었지요. 예언이 빗나가자 이 사람들은 어떻게 했을까요? 매리언 키치가 거짓 예언자라는 사실을 깨닫고 일상으로 돌아갔을까요?

허나 이게 웬일입니까? 신자들의 반응은 뜻밖의 것이었습니다. 그동안 외부와 조금도 연락을 하지 않던 신자들이 이제는 기자들까지 불러서 인터뷰를 했어요. 자신들의 지극한 믿음에 신이 감동을 받아서 세상

레온 페스팅거 Leon Festinger, 1919~1989
미국의 심리학자. 1957년 발표한 인지 부조화 이론의 바탕이 된 사이비 신도 연구는 심리학 역사에서 가장 유명한 연구 중의 하나로 남아 있다. 인지 부조화 이론 외에도, 사람은 자신을 남과 비교하려 한다는 사회 비교 이론을 연구했다.

을 멸망시키지 않기로 했다고 말이에요. 더 많은 사람들에게 자신들의 종교를 퍼뜨리려고 전도 활동에 열심히 나서기까지 했지요.

어째서 이런 비합리적이기 짝이 없는 행동이 나왔을까요? 레온 페스팅거는 이렇게 설명했습니다. 이 신자들은 '세상이 정해진 날에 멸망하게 된다.'라는 믿음과 '세상이 정해진 날에 멸망하지 않았다.'는 현실이 어긋나는 상태에 처했지요. 이와 같은 상태를 인지 부조화라고 합니다. 원래 사람은 자신의 믿음과 실제 현실이 맞지 않을 때 불편함을 느끼게 마련입니다. 그러면 현실을 인정함으로써 인지 부조화에서 벗어나곤 하지요. 그런데 이 신자들은 엉터리 예언 때문에 모든 것을 버린 현실을 인정하기가 너무 고통스럽다 보니 오히려 "내가 지구를 구했다!"며 믿음을 더욱 강화하는 길을 택한 것입니다. 믿음에 맞춰 현실을 왜곡한 셈이지요. 잘못된 믿음이 강하면 이렇게 어리석은 결정을 반복하게 된답니다.

다시 한 번 말하지만, 이 심리 실험은 여러분이 차마 직접 할 수 없는 것입니다. 이 심리 실험을 재현하겠다며 사이비 종교 집단을 찾아가는 일은 절대 삼가 주세요!

2

기억과 공부의 심리

기억의 바탕을 쌓아라!

스키마

    중간고사가 지나갔다. 안나는 잠자는 시간, 밥 먹는 시간, 심지어 씻는 시간도 줄여 가며 열심히 공부했지만 성적은 제자리걸음이었다. 그나마 영어 성적이 약간은 올라서 다행이었다. 만약 영어 점수가 떨어지면 영어와 관련 없는 계발 활동 부서 탓이라고 엄마가 타박할까 봐 좀 더 신경을 썼던 것이다. 하지만 사회 점수가 내려가는 바람에 전체 등수는 1학년 때와 거의 같았다. 엄마는 성적표를 보고 혀를 끌끌 찼다.

    "안나 너, 사회 공부를 한 거야, 안 한 거야?"

    "엄마 소원대로 영어 점수는 올려놨잖아."

    "너 지금 반항하니? 사회 못 봐서 점수 까먹으면 다 소용없어."

"아, 몰라. 나 오늘은 쉴 거야. 건드리지 마."

안나는 입을 삐죽 내밀고 방문을 쾅 닫았다. 공부가 인생의 전부인 양 오로지 성적에만 관심을 쏟는 엄마가 섭섭했다.

'공부 잘해서 좋은 대학 가 봤자 무슨 소용이야. 내가 뭘 하고 싶은지 나조차도 모르겠는데. 나는 성적보다 꿈이 더 문제라고.'

그래도 한편으로는 안도의 한숨을 쉬었다. 엄마의 목소리가 그리 높이 올라가지 않았기 때문이다. 안나는 성적표를 책상에 던져 놓고 용이에게 문자를 보냈다.

'다행히 잔소리 폭풍 대신 소나기만 맞았음. ㅋㅋ 어른들은 언제나 국영수 점수를 더 좋아한다니까.'

곧바로 용이의 문자가 도착했다.

'난 잔소리 쓰나미 맞아 사망 -_-;;;;;;'

이번에도 용이는 아빠에게 크게 혼난 모양이었다. 하지만 안나는 용이의 문자가 엄살이라는 사실을 잘 알고 있었다. 용이는 새로운 춤 동작이 잘 안 된다고 머리를 싸맸으면 싸맸지 아빠의 불호령에 기죽을 아이가 아니었다.

안나는 머리를 식히려고 컴퓨터를 켜서 학급 카페에 들어갔다. 성적표가 나온 날이라 그런지 새로운 글들은 대부분 푸념이었다. 계속 보다가는 기분이 더 꿀꿀해질 것 같아 안나는 방송국 홈페이지에 접속했다. 그동안 시험공부를 하느라 보지 못한 오락 프로그램을 몰아서 보며 안나는 성적은 잠시 잊고 밤늦도록 킬킬거렸다.

"딩동!"

문자 메시지가 도착하는 소리에 안나는 부스스 고개를 들었다. 시간을 확인하니, 세상에나, 아침 7시였다. 지난밤에 인터넷을 하다가 그대로 책상에 엎드려 잠들고 만 것이다.

'누가 이 시간에 문자를 보냈지?'

보낸 사람은 뜻밖에도 최이고 선생님이었다. 그러고 보니 오늘은 토요일의 심리 클럽 세 번째 시간이었다. 안나는 졸린 눈을 비비고 메시지를 확인했다.

'안녕, 안녕! ^^ 드디어 중간고사가 끝났으니 토요일의 심리 클럽 특별 미션을 줄게. 중간고사보다 훨씬 간단한 거니까 긴장하지 마라. 짧은 이야기를 메일로 보냈으니 두 번만 읽고 오렴. 참 쉽지? 그럼 이따가 만나자! ^^'

문자를 읽으며 안나는 선생님의 표정과 말투를 떠올릴 수 있었다. 웃는 모습의 평범한 이모티콘이 유난히 정겨웠다. 안나는 곧바로 메일을 열어 보았다. 메일 제목은 '세 번도 네 번도 말고 딱 두 번만 읽을 것!'이었다. 내용은 생각보다 길었다.

유령들의 전쟁

어느 날 밤 에굴락에서 온 두 젊은 남자가 물개를 사냥하러 강을 따라 내려갔습니다. 그들이 강에 있는 동안 안개가 끼고 주위가 조용해지더니 함성이 들려왔습니다. 그들은 생각했습니다. '전투가 벌어졌나 보다.' 그들은 강기슭으로 도망쳐 나무 뒤에 숨었습니다. 그때 카누들이 나타났습니다. 노 젓는 소리가 들리고 한 카누가 다가왔습니다. 카누에 있는 다섯 명의 남자가 말했습니다. "우리는 당신들을 데려가고 싶소. 어떻소? 우리는 강을 거슬러 올라가서 전투를 하려고 한다오." 젊은 남자 중 하나가 말했습니다. "내게는 화살이 없는걸요." 그들이 말했습니다. "카누에 화살들이 있소." 젊은 남자가 말했습니다. "난 가지 않겠어요. 내가 죽을 수도 있잖아요. 그러면 내 일가친척들은 내가 어디 갔는지도 모를 거예요." 젊은 남자는 다른 젊은 남자를 향해 몸을 돌리며 말했습니다. "하지만 너는 저 사람들과 가도 될 거야." 그래서 다른 젊은 남자는 따라가고 나머지 젊은 남자는 집으로 돌아갔습니다.

그 전사들은 강을 거슬러 올라 칼라마의 반대편에 있는 마을로 갔습니다. 그곳 사람들이 강으로 나와 싸우기 시작했고 많은 사람이 죽었습니다. 곧 젊은 남자는 한 전사가 이렇게 말하는 것을 들었습니다. "서둘러! 집으로 돌아가세! 이 남자가 부상을 입었어." 그제야 젊은 남자는 생각했습니다. '아, 저 전사들은 유령이구나.' 그는 아픔을 느끼지 못했지만 그들은 그가 화살에 맞았다고 말했습니다. 그래서 카누는 에굴락으로 돌아갔고 젊은 남자는 집으로 돌아가 불을 피웠습니다. 그리고 모든 사람에게 말했습니다. "나는 유령들과 함께 전투를 했어요. 우리 편이 많이 죽었고 우리를 공격한 상대편도 많이 죽었어요. 유령들은 내가 화살에 맞았다고 했지만 나는 아프지 않았어요." 그는 모든 일을 이야기하고서 조용해졌습니다. 해가 뜨자 그는 쓰러졌습니다. 무언가 검은 것이 그의 입에서 흘러나왔습니다. 그의 얼굴이 일그러졌습니다. 사람들이 펄쩍 뛰고 울부짖었습니다. 그는 죽었습니다.

안나는 메일을 다 읽고 나서도 도대체 이게 뭔가 싶어 모니터를 뚫어져라 바라보았다. 한 번도 들어 본 적이 없는 이야기였다. 지명이 생소한 것이야 그렇다 치더라도 이야기의 맥락이 무척 낯설었다. 무슨 민담 같기도 한데 어느 나라 민담인지는 통 알 수가 없었다. 안나는 이야기를 다시 한 번 읽었다. 처음보다 좀 더 천천히 읽었지만 여전히 머리에 금방 들어오지 않았다. 안나는 또다시 읽으려다가 멈칫했다.

'선생님이 두 번만 읽으라고 했잖아. 여기서 더 읽으면 특별 미션을 망치는 건지도 몰라.'

특별 미션에 대한 호기심은 조금 후 토요일의 심리 클럽이 모였을 때 풀기로 했다. 마침 엄마가 밖에서 외쳤다.

"안나야, 얼른 학교 가야지!"

안나가 용이와 함께 교실에 도착해 보니 선생님이 먼저 와서 앉아 있었다. 책상들도 이미 둥글게 배치되어 있었다. 곧 다른 아이들도 속속 들어왔다. 토요일의 심리 클럽이 모두 모이자 선생님은 특별 미션 이야기를 꺼냈다.

"모두 특별 미션을 수행했니? 혹시 메일을 못 본 사람?"

아무도 손을 들지 않자 선생님이 다시 물었다.

"그럼 혹시 두 번 넘게 읽어서 그 이야기를 달달 외우게 된 사람은? 솔직히 고백해라."

용이가 뒤통수를 긁적거리며 말했다.

"전 사실 세 번 읽었는데요, 근데 전 워낙 머리가 꽝이라서 한 번 읽으나 열 번 읽으나 마찬가진걸요, 헤헤."

"하하, 용이 머리가 꽝이라는 건 믿을 수 없지만 용이 혼자만 세 번 읽은 건 큰 문제는 아닌 듯하니까 넘어가도록 하자. 대신 용이는 다음번엔 선생님 지시를 정확히 따르기로 약속하는 거다. 자, 본격적으로 심리 실험에 들어가 볼까? 다들 그 이야기를 지금 똑같이 말할 수 있겠니?"

안나는 기억을 되살려 보았다. 전체적인 내용이 대강 기억나기는 하지만 똑같이 말할 자신은 없었다. 다른 아이들도 선생님이 너무한다는 표정으로 서로 눈치만 살폈다.

마침내 침묵을 깬 사람은 주영이였다.

"선생님, 그걸 어떻게 똑같이 말해요? 저희가 무슨 컴퓨터도 아니고."

"어차피 이건 학교 시험이 아니잖니? 부담 가지지 말고 할 수 있는 한 똑같이 말해 봐. 기왕 말을 꺼낸 김에 주영이가 이야기해 볼까?"

주영이는 기억을 불러오려고 애쓰며 이야기를 시작했다.

"두 젊은이가 낚시를 하려고 강에 갔는데 뱃소리가 들려왔어요. 그러더니 유령들이 나타나서 같이 전쟁을 하러 가자고 했어요. 한 사람이 자긴 죽기 싫다고, 보살펴야 하는 가족이 있다고 말했어요. 하지만 다른 사람은 유령들을 따라서 전쟁터에 갔어요. 한창 싸우다가 그 사람이 화살에 맞았어요. 유령들은 그 사람을 집에 데려다 줬어요. 그 사람은 다쳤는데도 멀쩡했어요. 그래서 마을 사람들한테 그때까지 있었던 일을 얘기하는데 입에서 검은 물이 흘러나왔어요. 그러더니 쓰러져 죽었어요."

주영이가 이야기를 마치자마자 선아가 지적하고 나섰다.

"주영 언니, 배에 있는 화살이 빠졌잖아."

선생님이 선아에게 물었다.

"선아가 기억하는 건 좀 다른가 보구나."

"네, 분명히 유령이 배에 화살이 있다고 말했거든요. 그리고 주영 언니는 검은 물이라고 했지만 제 기억엔 피 같아요."

주영이의 말과 선아의 말을 모두 듣고 보니 안나도 아리송했다. 주영이가 화살 이야기를 빠뜨린 것은 맞지만 선아 말대로 피인지는 확신이 서지 않았다. 하지만 안나는 이것만은 분명히 기억하고 있었다.

"음, 제 기억으로는 그냥 배가 아니라 카누였는데요."

주영이가 바로 말했다.

"참, 맞다. 카누였지. 하지만 피는 선아가 잘못 기억하는 거야. 검은 물이 맞아."

용이도 끼어들었다.

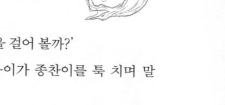

"화살이 아니라 칼이었던 것 같아요. 또 젊은 남자가 죽기 직전에 해가 떴다는 게 중요한 사실 같아요."

아이들은 생각이 떠오르는 대로 와자지껄 말하기 생각했다. 어느새 선생님은 제쳐 놓고 자기들끼리 이야기하느라 분주했다. 아이들의 말소리가 교실 안을 가득 채웠다. 토요일의 심리 클럽이 시작된 이후로 가장 시끄러운 순간이었다.

"그러니까 카누 안에 화살이 있었던 거야."

"검은 거품 아니었나?"

"그 마을 이름이 있었는데 뭐더라……. 에갈…… 에글……."

"유령이라는 건 전투를 하다가 알았을걸?"

"아니야, 처음부터 알았어."

하지만 그 와중에도 종찬이는 덤덤한 표정으로 가만히 있기만 했다.

'아직 어색해서 저러나? 나라도 말을 걸어 볼까?'

안나가 망설이고 있는데 갑자기 용이가 종찬이를 툭 치며 말했다.

"형, 형은 기억나지? 유령이라는 거 나중에 안 거지?"

종찬이는 고개를 한쪽으로 기울였다가 천천히 고개를 끄덕이며 대답했다.

"나중에 안 것 같아. 내 기억으로는 그런데."

그때 마침 선생님이 손뼉을 딱딱 쳤다. 그제야 겨우 교실 안이 조용해졌다.

"자, 내가 처음부터 끝까지 읽어 줄 테니까 잘 들어 봐라."

선생님은 메일로 보냈던 이야기를 다시 읽었다. 아이들은 이야기를 들으며 내가 맞았네, 네가 맞았네 따졌다. 하지만 누구도 완벽하게 기억하지 못한 것은 매한가지였다.

"이건 아메리카 원주민들 사이에서 전해 오는 민담이야. 1932년에 영국에서 프레더릭 바틀릿이라는 심리학자도 바로 이 이야기를 대학생들에게 들려줬지. 처음에는 십오 분 후에 이야기를 기억해서 글로 쓰라고 했고 며칠 후에, 몇 달 후에, 심지어는 몇 년이나 지난 후에 찾아가서 기억해 보라고 했어. 참 끈질긴 심리학자지? 프레더릭 바틀릿이 이런 심리 실험을 한 건 시간이 흐른 후에 기억이 어떻게 되는지 알아보기 위해서였단다."

프레더릭 바틀릿 Frederic C. Bartlett, 1886~1969
영국의 심리학자. 기억에 관심이 많았으며 특히 기억의 왜곡에 대한 실험을 처음으로 실시했다. 여러 가지 우화를 이용한 실험을 했는데 그중 가장 널리 알려진 것이 아메리카 원주민의 '전쟁과 유령' 우화 실험이다.

용이가 호들갑을 떨며 물었다.

"선생님도 몇 년 후에 저희를 찾아오실 거예요? 와, 큰일이네. 그때쯤이면 난 완전 까먹을 텐데! 어떡하지?"

"하하, 그때를 대비해서 선생님 메일 잘 보관해 둬야 한다! 여하튼 프레더릭 바틀릿이 알아낸 사실은 뭐였을까? 방금 너희가 경험한 것에 답이 있어."

가장 먼저 이야기를 떠올렸던 주영이가 말했다.

"기억이 변했어요. 다르게 기억하기도 하고 많이 잊어버리기도 했어요."

"그렇지! 익숙하지 않은 이야기라서 더욱 그랬을 거야. 프레더릭 바틀릿이 굳이 아메리카 원주민의 민담을 고른 것도 그게 영국 대학생들에게 낯선 이야기이기 때문이었어. 영국 대학생들도 너희도 그 이야기 중에서 익숙한 부분만 골라 기억하거나 자신에게 익숙한 쪽으로 기억을 바꿨지. 카누를 배로 기억한 것처럼 말이야."

선아가 미심쩍은 표정으로 물었다.

"선생님, 이거 공부에 도움 되는 심리 실험 맞죠? 저번에 예고하셨잖아요."

"그럼, 그럼. 이 최이고는 한 입으로 두말하지 않아요. 자, 지금부터 이 심리 실험을 어떻게 공부에 응용할 수 있는지 설명할 거니까 잘 들어라."

주영이와 선아는 펜을 꽉 쥐었지만 공부에 흥미가 없는 용이는 괜히 기지개를 펴며 짐짓 딴청을 부렸다. 안나가 슬쩍 돌아보니 종찬이는 이 상황에서도 그저 덤덤한 표정이었다.

"프레더릭 바틀릿은 우리가 기억을 끄집어낼 때마다 스키마라는 틀에 의지한다고 말했어. 스키마란 말하자면 우리 마음속의 기억 틀이라고나 할까? 우리 경험이나 지식이 쌓이고 쌓여서 스키마를 이루지. 그래서 각자가 가진 스키마는 모두 달라. 아까 용이가 자기 머리는 꽝이라고 그랬지? 하지만 용이는 복잡한 춤 동작도 완벽하게 기억하지 않니?"

그러자 용이가 언제 딴청을 부렸느냐는 듯 냉큼 대답했다.

"당연하죠! 요즘 아이돌 춤도 다 꿰고 있어요."

"그건 바로 용이가 춤과 관련된 스키마를 가지고 있기 때문이야. 그동안 용이가 춤을 많이 추기도 하고 보기도 한 덕분이지. 반대로 아메리카 원주민의 민담은 용이가 가진 스키마와 잘 맞지 않아서 쉽게 잊어버리게 된 거고."

선생님은 잠시 말을 멈추고 아이들을 한 번 둘러본 다음 다시 입을 열었다.

"이번에 중간고사를 보면서도 느꼈겠지만 공부를 잘하려면 이해를 잘하는 것과 암기를 잘하는 것 둘 다 중요해. 그런데 암기를 잘하려면 무작정 외우기보다도 먼저 이해를 잘해야 하고, 이해를 잘하려면 우리 마음속에 공부와 관련된 스키마가 미리 마련되어 있어야 하지. 그렇다면 어떻게 해야 스키마를 쌓을 수 있을까?"

아까부터 유난히 눈에 띄게 고개를 끄덕거리고 있던 선아가 다른 사람이 끼어들 틈도 없이 곧장 말했다.

"예습이요!"

"그래, 한 단어로 표현하면 예습이지. 그런데 수업 시간 전에 교과서를 미리 읽어 보는 것만 예습은 아니야. 예습의 범위를 조금 넓혀 보면 평소에 여러 분야의 책을 두루두루 많이 읽는 것도 다 스키마를 위한 예습이 돼."

안나는 평소에 읽는 책들을 떠올려 보았다. 교과서와 참고서가 고작이었다. 어렸을 때만 해도 늘상 책을 끼고 살던 안나였다. 동화책을 가장 많이 읽었고 과학책과 역사책도 좋아했다. 하지만 언젠가부터 슬그머니 책과 멀어졌다. 어쩌다 교과서나 참고서가 아닌 책을 보아도 학교 숙제 때문인 경우가 대부분이었다.

'시험공부만 하느라 내 스키마가 오히려 좁아진 건 아닐까? 내가 꿈을 못 찾는 것도 그래서인지 몰라.'

그때 용이가 안나에게 속닥거렸다.

"안나야, 생각해 보니까, 춤에 관한 스키마도 아무나 쌓을 수 있는 게 아니잖아. 그러니까 난 꽤 머리가 좋은 거 같아. 이제부터 날 '천재 용'이라고 불러 줘!"

흰곰을 생각하지 마!

반동 효과

쉬는 시간 후 심리 실험이 계속되었다. 최이고 선생님이 아이들을 둘러보며 말했다.

"오늘은 시작부터 특별 미션을 하느라 다들 수고가 많았어. 중간고사가 끝난 지 얼마 되지도 않았는데 또 머리를 쓰느라 골치 아팠지? 대신 지금부터 할 심리 실험은 전혀 머리를 쓸 필요가 없는 거야."

용이가 반색을 하며 외쳤다.

"대환영이요! 머리 굴리는 건 정말 별로라고요, 히히."

그런 용이를 보며 안나는 속으로 쿡쿡 웃었다. 방금 전에 자기가 천재라며 으쓱했던 것은 어느새 잊어버린 모양이었다.

"하하, 용이가 스트레스를 좀 받았나 보네. 이번에는 걱정 마. 다들 지금부터 머릿속에 떠오르는 걸 이야기해 봐라. 뭐든 괜찮으니까 생각나는 대로 말하면 돼. 지금부터 오 분 동안."

선생님의 지시를 듣고서도 아이들은 아무 말 없이 멀뚱멀뚱 서로 바라보기만 했다. 갑자기 아무것이나 이야기하라니 황당했다.

"어라, 왜 이렇게 조용하지? 설마 머릿속에 아무런 생각도 안 떠오르는 거야? 그럴 리가 없을 텐데. 지금 머릿속에 이런 생각이 가득 차 있을 것 같은데? '저 선생님이 무슨 꿍꿍이로 저런 말을 하는 거지?' '이건 또 무슨 심리 실험이지?' '아무 말이나 했다가 무안당하면 어쩌지?' 이런 생각들을 입으로 말하면 돼. 자, 자, 어서들 시작해. 겨우 오 분 동안이야."

선생님의 재촉에 가장 먼저 주영이가 말을 꺼냈다.

"지금까지 한 심리 실험 중에서 제일 쉬운 거네요. 너무 싱거운 실험 아니에요?"

선아가 한숨을 폭 쉬며 말했다.

"정말 아무 생각이나 다 돼요? 요즘 제 머릿속에 있는 건 중간고사 생각뿐인데요. 중학교는 시험 수준이 확실히 초등학교랑 다르네요. 뭐 그래도 성적이 잘 나오긴 했지만요."

안나가 선아에게 말했다.

"초등학교 때 시험은 시험도 아니었어. 아, 다시 초등학생이 되고 싶다. 옛날이 그리워!"

언제 머뭇거렸느냐는 듯 어느새 아이들은 수다를 떨고 있었다. 시험 이야기에서 초등학교 이야기로, 그러다가 연예인 이야기로, 그다음에는 게임 이야기로, 또 그다음에는 드라마 이야기로 널뛰듯 흘러갔다.

선생님이 시계를 보고 손을 들었다.

"자, 자, 오 분이 됐으니까 수다 끝! 쉽지? 지금부터 또 오 분 동안에도 마찬가지로 생각나는 대로 이야기하면 되는데, 단 한 가지 차이점이 있어. 바로 흰곰을 생각하면 안 된다는 거야. 오로지 흰곰만 안 돼. 역시나 쉽지? 흰곰을 꼭 생각해야 한다는 게 아니라 그저 생각 안 하면 되는 거니까. 시작!"

갑자기 흰곰이라니, 그것도 흰곰만 생각하지 말라니 처음보다 더 황당했지만 안나는 대수롭지 않게 여겼다. 그냥 아까처럼 수다를 떨면 될 것 같았다. 그런데 그때부터 이상한 현상이 벌어졌다. 머릿속에 커다란 흰곰의 모습이 떡하니 들어앉더니 도무지 없어지지가 않는 것이었다.

'흰곰만 생각 안 하면 되는데. 근데 왜 이렇게 자꾸 흰곰 생각이 나지? 아, 이상하다! 자꾸 흰곰이 떠오르니까 아무 말도 못 하겠네! 어떡하지? 정말 딱 흰곰만 생각 안 하면 되는 건데. 음, 일단 주의를 가다듬자. 머릿속을 비우고…….'

하지만 소용이 없었다. 안나는 아무리 해도 흰곰 생각을 지울 수가 없었다.

다른 아이들도 아까와는 달리 쉽게 수다를 떨지 못했다. 몇몇이 말을 꺼냈다가도 곧 입을 다물어 버렸다. 용이는 머리카락을 쥐어뜯기까지 했다.

"오늘 「무한도전」에서……. 또 흰곰이 생각났네. 앗, 말하면 안 되는데!"

"어떡해……. 난 아예 흰곰밖에 생각이 안 나……."

"악, 또 생각해 버렸다……."

좀처럼 표정이 변하지 않는 종찬이마저 얼굴을 살짝 찡그리며 이렇게 내뱉었다.

"휴, 흰곰……."

처음 오 분과는 정반대로 두 번째 오 분 동안 아이들의 대화는 제대로 이어지지 못했다. 그러는 와중에도 흰곰이라는 말이 계속 나왔다. 흰곰을 생각하지 말라는 선생님의 지시에도 불구하고 아이들은 끊임없이 흰곰을 입에 올렸다. 두 번째 오 분은 참 더디게도 흘러갔다.

마침내 선생님이 다시 손을 들어 이야기를 중단시켰다. 주영이가 기다렸다는 듯이 곧바로 질문을 했다. 역시나 흰곰이라는 말이 들어간 질문이었다.

"선생님, 흰곰이 심리학적으로 무슨 중요한 의미라도 가진 동물인가요? 꽃마다 꽃말이 있는 것처럼 흰곰도 어떤 속뜻이 있는 거예요?"

"글쎄다. 방금 너희가 한 심리 실험은 대니얼 웨그너가 1987년에 한 건데, 왜 흰곰을 택했는지는 모르겠는걸. 흰곰 마니아였나? 사실 이 심리 실험은 흰곰 대신 다른 동물이나 물건으로 해도 괜찮아. 고양이나 아니면 운동화 같은 것도 되지. 이 실험에서 흰곰이 상징하는 건 너희가 떨쳐 버리려고 하는 생각이란다."

"떨쳐 버리려고 하는 생각이요?"

"그래. 내가 아까 흰곰을 생각하면 안 된다고 했잖니? 그랬더니 너희는 오히려 흰곰을 생각 안 할 수가 없었지? 정작 맨 처음에 흰곰에 대해 아무 말도 듣지 않았을 때는 흰곰 얘기가 한 번도 안 나왔는데 말이야."

안나가 조금 전 상황을 떠올리며 말했다.

"정말 이상했어요. 선생님이 그렇게 딱 말씀하시고 나니까 이상하게 흰곰이 자꾸 생각나는 걸 어떡해요. 차라리 아무 말씀도 하지 마시지."

"안 할 수가 있나. 그게 바로 이 심리 실험의 핵심인걸. 이 실험으로 알 수 있는 건 바로 **반동 효과**야. 반동 효과란 어떤 생각을 이

대니얼 웨그너 Daniel M. Wegner, 1948~
미국의 심리학자. 현재 하버드 대학교 심리학 교수이며 의식 통제 실험실을 이끌고 있다. 사고를 억제하려는 노력이 역효과를 낳는다는 이른바 '흰곰 현상'으로 잘 알려져 있다. 인간에게 자유 의지가 있다는 것은 착각이라고 주장해 심리학계에 논쟁을 불러일으켰다.

제 그만하겠다고 결심했는데도 오히려 더욱 그 생각에 사로잡히는 것을 말해. 시험공부 할 때를 떠올려 보자. 너희 모두 이번 중간고사를 앞두고 열심히 공부했지?"

용이가 씩 웃으며 말했다.

"전 아닌데요."

"하하, 그럼 대신 용이는 춤을 배울 때를 떠올려 보렴. 시험공부를 할 때든 춤을 배울 때든 집중을 하려면 잡생각이 없어야겠지. 그런데 실제로는 어떠니? 공부를 하다 보면 이런저런 생각이 떠올라서 공부를 방해하지? 친구 생각이 나기도 하고 연예인 생각이 나기도 하고. 딴생각은 그만해야지 하고 아무리 결심해도 쉽게 머

리에서 사라지지 않지?"

안나가 바로 그랬다. 이번 중간고사를 준비할 때도 예외가 아니었다. 평소에는 별로 관심도 없던 9시 뉴스가 왜 그리도 보고 싶은지, 그 전날만 해도 아무렇게나 대충 꽂아 두었던 책들이 어찌나 눈에 거슬리는지 기가 찰 노릇이었다.

"저는 시험공부를 하는데 자꾸만 뉴스가 보고 싶고 책장을 정리하고 싶어서 혼났어요. 시험이 끝날 때까지는 생각하지 말아야지 했는데 자꾸 생각났거든요. 그런데 더 웃기는 건요, 중간고사가 끝나고 나니까 뉴스가 별로 재미없는 거 있죠. 책장도 그대로 어질러 놓고요."

안나의 말에 주영이도 동감한다는 표정으로 말했다.

"저는 시험공부를 할 때 시험 끝나면 뭐도 하고 뭐도 해야지 하고 계획을 세우게 되더라고요. 그런 계획은 시험 끝난 다음에 세워도 되는데 꼭 시험공부 하다가 생각하게 돼요."

용이도 기억을 더듬으며 말했다.

"전 춤 배울 때는 그런 적이 한 번도 없었어요. 춤출 때는 딴생각이 요만큼도 안 나거든요. 음, 근데 이런 적은 있었어요. 같이 춤을 배우는 친구랑 서로 동작이 안 맞아서 다툰 적이 있는데 그때 개가 저한테 욕을 하더라고요. 며칠 만에 화해하긴 했어요. 그랬는데도 그 친구가 했던 욕이 자꾸 떠오르는 거예요. 화해했으니까 잊어버려야지 결심해도 소용없었어요. 제가 진짜 웬만한 일은 헤헤 웃고 넘어가지만 그건 진짜 심한 욕이었거든요. 결국 개랑은 좀 어색한 사이가 돼 버렸어요. 선생님, 이것도 반동 효과 맞죠?"

선생님이 고개를 끄덕이며 대답했다.

"물론이야. 그것도 좋은 예구나. 기분이 안 좋은 상황에서는 반동 효과가 더 강해지지."

선아가 선생님에게 질문했다.

"선생님, 저는 워낙 집중을 잘하는 편이긴 하지만…… 그래도 공부할 때 어쩌다가 딴생각이 날 때가 있더라고요. 그렇게 반동 효과가 있을 때는 어떡하면 좋아요? 생각 말아야지 결심할수록 자꾸 생각나는 거라면 아무리 굳게 결심해도 소용없는 거잖아요."

"무슨 그런 걱정을! 해결책이 없다면 애초에 이 선생님이 너희에게 이 심리 실험을 소개하지도 않았어요! 그 전에 먼저 선아는 이런 상황에서 어떻게 대처하는지 궁금하구나. 물론 드물기는 하겠지만 선아는 흰곰 같은 잡생각에 사로잡혔을 때 어떻게 하니?"

"음…… 전 화장실 가서 세수해요. 졸릴 때 세수하는 것처럼요. 잠깐은 효과가 있어요. 정신이 번쩍 들거든요."

"이 선생님이 다른 방법도 알려 줄 테니까 다음에 기말고사를 준비할 때 선아의 방법이랑 비교해 보렴. 심리학자들이 말하는 방법이니까 꽤 효과가 좋을걸. 간단해. 머릿속을 짓누르고 있는 그 생각을 종이에 적거나 다른 사람들한테 털어놓는 거지. 그럼 잡생각이 계속되는 것을 꽤 막을 수 있을 거야. 그리고 용아."

선생님이 따뜻한 눈빛으로 용이를 바라보며 말했다.

"힘든 일은 마음에 담아 두기보다는 털어놓는 편이 나은 법이란다. 꼭 그 친구한테 가서 말하라는 뜻이 아니야. 지금처럼 다른 사람에게 이야기하거나 아니면 글로 적기만 해도 나쁜 기억을 지우는 데 도움이 되거든. 그러니까 용이 너는 이미 반동 효과를 나름대로 해결한 셈이야. 친구와 안 좋았던 일을 이렇게 여러 사람 앞에서 솔직하게 말했잖아. 그래서 지금 선생님은 용이가 참 대단해 보인다. 진짜야, 진짜."

선생님의 말에 용이의 장난기가 되살아났다.

"헤헤, 저도 알아요. 저 대단한 거."

마침 용이 바로 옆에 앉아 있던 선생님은 용이를 향해 한 손을 들었다. 용이도 한 손을 따라 들었다. 선생님과 용이의 두 손이 경쾌하게 마주쳤다. 두 사람의 하이파이브를 보며 다른 아이들 모두 웃음을 터뜨렸다.

웃음이 잦아들자 주영이가 말했다.

"선생님, 심리 실험은 공부에도 도움이 되지만 친구 사이에도 도움이 될 수 있겠네요."

"맞아. 심리 실험은 친구 사이에도 또 가족 사이에도 도움을 주지. 그런 심리 실험은 다음번 시간에 같이해 보자. 아직 공부에 대해서도 할 이야기가 더 있거든."

선생님은 기대하라는 듯 한쪽 눈을 찡긋했다.

왜 자꾸 벼락치기를 하게 될까?

계획의 오류

안나는 잠깐 기말고사 날짜를 확인하려고 다이어리를 펼쳤다. 기말고사는 두 달도 채 안 남은 7월 초였다. 중간고사가 끝난 것이 겨우 며칠 전인데 벌써 기말고사가 부담이 되었다.

'도대체 언제쯤이면 시험을 보지 않고 살 수 있을까?'

시험 생각에 빠져 있던 안나는 최이고 선생님의 목소리가 들리자 다시 고개를 들었다.

"이번 것도 간단한 심리 실험이야. 내 질문을 잘 듣고 한쪽을 택하면 돼."

안나는 다이어리를 덮고 정신을 가다듬었다. 간단한 것이라는 선생님의 말에도 괜스레 긴장되었다. 이번 심리 실험을 잘 집중해서 해야 기말고사 성적도 잘 나올 것만 같았다.

"너희가 시험을 잘 봐서 부모님이 특별 용돈을 주기로 했다고 치자. 그런데 두 가지 중에 선택할 수 있어. 하나는 당장 오만 원을 받는 거고, 다른 하나는 일주일 후에 오만 천 원을 받는 거지. 어느 쪽을 택하겠니?"

"당장 오만 원이요!"

용이와 주영이가 거의 동시에 말했다. 둘은 마주 보고 피식 웃었다.

주영이가 이유를 설명했다.

"시험 끝나면 당장 친구들이랑 놀아야 하는데 어떻게 일주일이나 더 기다려요? 아무리 천 원을 더 받는다 해도 그건 좀 아니죠."

용이도 주영이의 말에 맞장구를 쳤다.

"하루도 더 기다릴까 말까 한데 일주일은 너무 길어요. 그사이 엄마 아빠 맘이 바뀌면 어떡해요? 어른들을 어떻게 믿으라고요."

"그렇구나. 다른 친구들 생각은 어떠니?"

선생님이 나머지 아이들을 둘러보았다. 용이와 주영이의 말이 옳다고 생각하고 있던 안나는 선생님과 눈이 마주치자 입을 열었다.

"저도 그냥 지금 바로 오만 원 달라고 할래요."

선아도 같은 의견이었다.

"만 원도 아니고 천 원 가지고 일주일이나 기다려야 한다는 건 좀 너무하다고 봐요."

모두의 의견이 일치하는가 싶었다. 그런데 종찬이가 혼잣말하듯 불쑥 말했다.

"나라면 그냥 기다렸다가 오만 천 원을 받을 텐데……."

모두의 눈길이 쏠리자 종찬이는 한마디 덧붙였다.

"어차피 전 돈 쓸 데도 없는데요, 뭐."

그러자 용이가 종찬이에게 말했다.

"그럼 특별 용돈 같은 거 아예 안 받아도 되겠네. 형은 일주일 후에 오만 천 원 받았다가 나한테 주면 되겠다, 히히."

용이의 농담에 아이들이 웃음을 터뜨리자 덤덤하던 종찬이도 슬그머니 미소를 지었다.

선생님이 다시 말했다.

"당장 오만 원을 받겠다는 의견이 4 대 1로 훨씬 많네. 그럼 두 번째 질문. 이번에는 일 년 후에 오만 원을 받는 거랑 일 년하고도 일주일 후에 오만 천 원을 받는 거랑 둘 중에 하나를 선택하는 거야. 자, 어느 쪽이 좋겠니?"

"오만 천 원이요!"

이번에는 용이 혼자서 먼저 대답했다. 반면 주영이는 잠시 생각하다가 말했다.

"저도 일주일 더 기다려서 오만 천 원을 받고 싶긴 한데…… 좀 이상해요."

주영이가 머뭇거리자 용이가 답답하다는 듯 말했다.

"누나도 참. 뭐가 이상해. 일 년이나 기다렸는데 겨우 일주일 더 못 기다리겠어? 근데 무슨 특별 용돈을 일 년이나 있다가 준담. 그게 이상하네."

"하지만 아까 처음에는 일주일 더 기다리는 대신 당장 오만 원을 받는 쪽을 택했잖아."

"그야 지금 당장이니까 그렇지. 지금이랑 일 년 후랑 같아?"

"그것도 그렇지만…… 뭐가 이상하긴 해. 당장 일주일 기다리는 건 힘든데 일 년 후에 일주일 기다리는 건 안 힘들다는 거니?"

"어…… 그게…… 이상한 것 같기도 하고……."

용이와 주영이의 대화를 듣다 보니 안나도 어느 쪽을 선택해야 할지 혼동되었다. 선생님의 두 번째 질문을 받았을 때 바로 머릿속에 떠오른 대답은 용이와 같았다. 하지만 주영이의 말을 듣고 보니 그 선택이 어딘지 비합리적이라는 생각이 들었다.

'나도 주영이 언니처럼 좀 헷갈리는걸. 지금부터 일주일은 꽤 길게 느껴지는데 일 년 후에 일주일은 별거 아닌 것 같아…….'

이 모습을 지켜보고 있던 종찬이가 선생님에게 질문했다.

"이건 아무래도 공부에 대한 심리 실험이 아니라 비합리성에 대한 심리 실험 같은데요?"

다른 아이들도 궁금하다는 눈빛으로 선생님의 대답을 기다렸다. 어쩐지 선생님은 아이들의 이런 시선을 흐뭇해하는 것 같았다.

"우리 토요일의 심리 클럽이 그동안 심리 실험을 여러 번 하고 났더니 엄청 똑똑해졌네. 뭔가 이상하다는 사실을 바로 눈치채다 니 말이야. 이 심리 실험은 사람이 현재와 미래를 다르게 인식한다 는 사실을 알려 주는 거야. 일주일이라는 시간의 길이는 변하지 않 지. 하지만 미래는 막연하게 느껴지기 때문에 미래의 일주일은 지 금의 일주일보다 훨씬 견디기 쉬운 것처럼 느껴지게 돼. 그래서 첫 번째 질문에서는 천 원을 포기하고 지금 당장 오만 원을 받는 쪽 을 택하는 사람이 많고, 두 번째 질문에서는 일주일을 더 기다려서 오만 천 원을 받는 쪽을 택하는 사람이 많은 거야. 물론 종찬이처 럼 대답하는 사람도 가끔은 있고, 하하."

이번에는 선아가 질문을 던졌다.

"선생님, 이 심리 실험도 공부할 때 도움이 되니까 한 거죠?"

"그야 물론이지."

"그럼 어떻게 도움이 되는 건지 빨리 알려 주세요. 전 그게 궁금 하다고요."

안나는 선아의 재촉에 피식 웃었다. 처음 토요일의 심리 클럽이 시작되었을 때 그런 모습을 보았다면 얄미운 모범생 같았을 텐데 지금은 신입생의 귀여운 투정으로 느껴졌다.

선아의 질문에 선생님도 질문으로 대답했다.

"선아는 공부를 잘하니까 벼락치기 같은 건 안 하겠구나?"

갑작스러운 질문을 받은 선아는 눈알을 한 번 도르륵 굴리고서 말했다.

"시험 때는 벼락치기 안 해요. 평소에 미리미리 공부하거든요. 벼락치기는 방학 때 하죠."

"방학 때라고? 방학 때는 시험을 안 보잖니?"

"대신 방학 숙제가 있잖아요. 방학 숙제는 미리 해 두기가 힘들더라고요. 방학 시작하면 학원도 더 다녀야 하고 영어 캠프도 갔다 와야 하거든요. 결국은 개학하기 직전에 벼락치기로 하게 돼요. 중학생이 돼서도 이러면 안 될 텐데."

안나는 뜨끔했다. 벼락치기는 안나의 오랜 습관이었다. 학교 숙제는 텔레비전도 보고 인터넷도 하며 딴짓을 하다가 자기 직전에 벼락치기로 했다. 시험 때도 벼락치기를 하기는 마찬가지였다. 그럴 때마다 몸도 피곤한데 부모님의 잔소리까지 한 바가지로 들어야 했다. 지난 중간고사 때도 그랬던 것이 떠오르자 안나는 괜스레 선아에게 짜증이 났다.

'선아 쟤는 툭하면 자기 자랑이라니까.'

지금 안나의 눈에는 선아가 호기심 많은 신입생이 아니라 잘난 체하기 좋아하는 공부 벌레로 보였다.

그때 갑자기 용이가 끼어들었다.

"저는 언제나 벼락치기랑 거리가 멀어요. 시험공부도 안 하고 방학 숙제는 대충 해치우거든요, 헤헤."

용이의 말에 선생님과 아이들 모두 한바탕 웃음을 터뜨렸다. 살짝 꽁해 있던 안나의 마음도 스르르 풀어졌다.

선생님이 다시 이야기를 시작했다.

"나도 예전에는 툭하면 벼락치기를 했어. 좀만 놀다가 나중에 집중해서 하면 금세 끝낼 수 있을 것 같았지만 실제로는 그렇지 않았지. 언제나 예상보다 시간이 더 걸리더라. 그러다 보니 새벽까지 공부하다가 늦잠을 자서 지각한 적도 여러 번 있었어."

벼락치기라면 역시 일가견이 있는 안나가 말했다.

"저도 딱 그래요. 미룰 때는 '이거 이따가 잠깐만 보면 다 외울 수 있어.' 하고 생각하는데 막상 벼락치기를 하다 보면 안 그렇더라고요."

선아도 고개를 끄덕였다.

"저도 방학 숙제를 벼락치기로 하게 되는 게 그런 생각 때문인 것 같아요. 물론 저는 시험 볼 때는 벼락치기를 안 하지만요."

"벼락치기는 계획의 오류라는 심리 현상으로 설명할 수 있어. 계획의 오류란 우리가 어떤 일을 끝내기까지 걸리는 시간을 과소평가해서 예측한다는 거야. 다시 말해서 실제보다 더 짧은 시간이 걸릴 거라고 잘못 상상한다는 거지. 계획의 오류가 일어나는 건 아까 너희가 심리 실험에서 경험했듯이 미래의 상황이 지금과 다르게 느껴지는 심리 때문이야. 대개 미래의 상황이 순조롭고 별 탈 없을 거라고 믿어 버리곤 하지만 그 미래가 현실로 닥치면 어떨까? 생각했던 것보다 일의 속도가 영 안 날 수도 있고, 미처 예상하지 못한 사건이 생겨서 일을 방해할 수도 있어."

안나는 이번에 중간고사 준비를 하던 때를 떠올렸다. 영어에 유독 더 신경 쓰느라 사회 과목은 시험 전날에 몰아서 하려고 미뤄 두었다. 하지만 막상 벼락치기로 사회를 공부하다 보니 생소한 인명이나 지명이 통 안 외워져서 애를 먹었다. 결국 안나는 새벽까지 졸다 깨다 하며 공부했다. 그렇게 피곤한 상태로 시험지를 받아 들었으니 암기했던 내용이 떠오르지 않은 것도 당연했다.

"계획의 오류를 보여 주는 또 다른 심리 실험이 있어. 1994년에 로저 뷸러Roger Buehler, 데일 그리핀Dale Griffin, 마이클 로스Michael Ross라는 세 명의 심리학자가 대학생들에게 이런 질문을 했지. '논문을 완성하는 데 시간이 얼마나 걸릴까?' 학생들은 일이 잘 풀리면 평균 27.4일, 아무리 일이 안 풀리더라도 평균 48.6일이면 완성할 수 있다고 대답했어. 그런데 실제로 걸린 시간은? 평균 55.5일이었어. 부정적인 상황을 감안했을 때조차 실제보다 더 적은 시간을 상상한 셈이지. 그러니 막연히 '나중에 할 수 있을 거야.' 하고 미뤘다가는 벼락치기를 하느라 쩔쩔매게 되겠지?"

선생님의 시선은 다른 곳을 향하고 있었지만 안나는 선생님이 자신을 콕 집어 말하는 것만 같아 얼굴이 붉어졌다.

선생님의 설명이 끝나자 주영이가 질문했다.

"그럼 선생님은 벼락치기 하는 습관을 어떻게 고치셨어요?"

"심리학의 힘이지!"

선생님이 주먹까지 쥔 채 자신 있는 말투로 대답하자 아이들은 키득키득 웃었다.

"하하, 좀 오버했나? 하여튼 사실이야. 계획의 오류라는 현상을 알고 나서 좀 더 짜임새 있고 현실적으로 계획을 세우게 됐지. 꼭 벼락치기뿐만이 아니야. 심리학을 공부하다 보니까 내가 평소에 자꾸 반복하는 여러 가지 실수에 대해 심리적인 원인도 보이고 해결책도 보이더라고. 우리 토요일의 심리 클럽도 이렇게 심리학의 힘을 이용하기 위해 모인 거잖니?"

선생님의 말은 마치 안나에게 보내는 위로와 격려 같았다.

그때 용이가 손을 들고 우렁차게 말했다.

"선생님, 이제 집에 갈 시간이에요!"

"어이쿠, 벌써? 그래, 오늘 토요일의 심리 클럽은 여기까지다."

"공부에 대한 심리 실험은 오늘까지만이죠?"

"응, 아까 말했듯이 다음번에는 인간관계와 관련된 심리 실험을 해 보자."

"어떤 건데요? 미리 말씀해 주시면 안 돼요? 쪼금만요!"

용이가 졸랐지만 선생님은 고개를 절레절레 저었다.

"미리 알면 재미없잖니? 그건 다음 시간까지 일급비밀이다!"

수업이 끝난 후 안나와 용이는 운동장 한구석의 벤치에 앉았다.

"안나야, 왜 여기 오자고 한 거야? 또 머릿속이 복잡해서 그래?"

안나는 한숨을 푹 쉬었다.

"그렇지 뭐. 아, 갑갑해. 엄마 아빠는 일단 공부만······."

"어, 저번에도 수업 끝나고 만났는데 오늘도 만났네. 너희 나 따라다니는 거니? 하하."

최이고 선생님이었다. 그제야 안나의 눈에 풀숲 안쪽에 놓인 오토바이가 들어왔다. 교장 선생님에게 들키지 않기 위해 그곳에 숨겨 둔 것이 분명했다.

용이가 감탄 섞인 말투로 말했다.

"심란 중학교에서 교장 선생님 말 안 듣는 사람은 선생님밖에 없을걸요. 선생님 옛날에 반항아였죠?"

"반항아 정도였으면 다행이게. 사실 난······ 문제아였지."

안나와 용이는 깜짝 놀라 선생님을 바라보았다.

"정말요?"

"에이, 아니죠? 난 안 믿어."

"왜, 내가 농담하는 것 같니? 하긴 내가 워낙 귀티 나는 외모의 소유자니까 너희가 못 믿는 것도 이해는 간다. 그렇지만 말이야, 나는 진짜로 문제아였걸랑. 내 얘기 좀 해 줄까?"

안나와 용이가 고개를 끄덕이자 선생님은 옆에 앉아 과거의 일을 들려주었다. 중학생이었을 때 선생님은 집안 형편이 어려워지면서 문제아가 되어 갔다. 멋대로 결석하는 것은 물론이고 친구들에게 주먹을 휘두르기도 했단다. 하지만 2학년 때 담임 선생님이었던 지금의 교장 선생님 덕분에 차츰 마음을 잡았다.

"물론 내가 금방 수그러든 건 아니야. 나도 한 고집 하는 사람이 거든, 하하. 고등학교에 가서도 한동안 계속 말썽을 피우고 다녔는 데 교장 선생님이 거기까지 쫓아와서 잔소리를 해 대지 뭐야. 그 잔소리 좀 안 들으려고 다시 공부를 시작했지. 물론 그래도 오토바 이는 포기하지 못했지만. 내가 심리학과에 간 것도 저렇게 남 일에 관심이 많은 사람들 맘속을 들여다보고 싶었기 때문이야. 아, 이 얘긴 교장 선생님께는 비밀이다!"

선생님은 윙크를 하며 일어서더니 헬멧을 쓰고 오토바이에 올 라타 시동을 걸었다. 멀어져 가는 선생님을 바라보며 안나는 교장 선생님에게도, 최이고 선생님에게도 어쩐지 고마운 마음이 들었 다. 최이고 선생님이 교장 선생님 덕분에 달라졌듯 안나도 최이고 선생님 덕분에 조금씩 달라지고 있으니까. 선생님이 열다섯 살 때 겪은 어려움을 생각하니 안나 자신의 고민이 조금은 가볍게 느껴 졌다. 안나는 불끈 용기가 솟았다.

"근데 안나야, 아까 나한테 하던 말 뭐였어?"

"아, 나? 글쎄, 복잡했던 머릿속이 나도 모르게 정리됐는데? 심 리학 덕인가? 선생님 덕인가? 하하."

"뭐어? 야, 이 썰렁한 인간아!"

안나와 용이는 서로를 보며 웃음을 터뜨렸다.

기억의 종류

1950년대 미국의 하트퍼드 병원에서 브렌다 밀너라는 심리학자가 어느 환자와 함께 여러 가지 심리 실험을 하고 있었습니다. 역사적 사실을 기억하는지 질문하기도 하고, 단어 세 개를 외우게 한 다음 오 분 후에 기억해 보라고 하기도 했답니다.

여러분은 이렇게 생각하겠지요? '겨우 그게 무슨 차마 직접 할 수 없는 심리 실험이야? 그 정도는 나도 충분히 할 수 있다고!' 하지만 정말이에요. 이 심리 실험은 여러분이 차마 직접 할 수가 없어요. 심지어 나 같은 심리학자조차 웬만하면 하기 힘들지요. 도대체 이 심리 실험이 왜 그렇게 대단하냐고요? 답은 바로 브렌다 밀너 앞에 앉아 있었던 환자에게 있지요. 엄청나게 특별한 환자였거든요.

이 환자는 HM이라고 불리는 사람이었어요. HM이란 이름은 사생활 보호를 위해 본명 대신 머리글자를 따서 만든 것이었어요. HM은 일곱

브렌다 밀너 Brenda Milner, 1918~
캐나다의 신경 과학자이자 심리학자. 특수한 심리적 과정이나 행동과 관련된 뇌의 기능과 구조를 연구하는 학문인 신경 심리학의 개척자이기도 하다. HM이라는 이름으로 알려진 단기 기억 상실증 환자를 오랫동안 관찰해 뇌와 기억의 관계를 밝혀내는 데 크게 공헌했다.

살 때 그만 자전거 사고로 머리를 다쳤는데 그 이후로 툭하면 간질 발작에 시달렸지요. 발작이 너무 심해서 정상적으로 살아갈 수가 없을 정도였어요. 그래서 스물일곱 살 때 뇌 수술을 받게 되었습니다. 뇌의 일부를 잘라 내서 간질 발작을 멈추게 하는 수술이었어요. 수술은 성공적으로 끝났고 HM의 간질 발작은 많이 나아졌습니다. 그런데 미처 예상하지 못한 뜻밖의 증상이 나타난 거예요. 바로 기억하는 능력이 없어지고 만 것입니다!

그냥 평범한 기억 상실증이 아니었어요. HM은 수술 전까지 있었던 일들은 고스란히 기억할 수 있었거든요. 그런데 수술 이후의 새로운 일들은 조금도 기억하지 못했지요. 신문을 읽고서 몇 분만 지나면 내용을 모두 잊어버렸어요. 의사와 간호사가 방에서 나갔다가 잠시 후 다시 들어오면 생전 처음 만나는 듯 인사를 건넸어요. 수술 후 몇 년이 지나도 자기가 스물일곱 살이라고 말했어요. 삼촌이 돌아가신 지 한참 되었는데도 그 사실을 들을 때마다 깜짝 놀라며 슬퍼했어요.

기억에 관심이 많던 심리학자 브렌다 밀너는 HM을 연구해서 1957년 「양쪽 해마 손상 후 최근 기억의 상실」이라는 논문을 발표했어요. HM의 뇌에서 절제된 부위가 바로 해마였지요. HM 덕분에 기억에는 여러 종류가 있고 그 종류에 따라 뇌에서 담당하는 부위가 달라진다는 사실이 밝혀졌어요. 단기 기억은 뇌에 잠깐 동안만 저장되는 기억이에요. 단기 기억을 반복하다 보면 장기 기억으로 바뀌어서 저장됩니다. 따라서 여러분이 공부한 것을 오래 기억하려면 반복이 중요하답니다. HM은 이미 저장된 장기 기억에는 문제가 없었지만 새로운 정보는 단기 기억에만 머물다가 사라지게 된 것이었지요.

장기 기억은 서술 기억과 절차 기억으로도 나눌 수 있어요. 서술 기억이란 어떤 일을 떠올려 이야기하는 것을 말하고, 절차 기억이란 어떤 일의 과정을 몸에 익히는 것을 뜻합니다. 그런데 HM은 절차 기억은 어느 정도 정상적으로 가지고 있었어요. 어떤 그림을 그리는 검사를 반복해서 받고 났더니 그 그림을 능숙하게 그리게 되었지요. 하지만 서술 기억은 없었기에 예전에 그 검사를 여러 번이나 받았다는 사실은 전혀 기억하지 못했답니다. 이를 통해 해마는 단기 기억을 서술 기억으로 옮기는 데 중요한 역할을 한다는 것을 알 수 있지요.

HM은 2008년 여든두 살의 나이로 눈을 감았어요. 『뉴욕 타임스』는 "오랫동안 기억될 기억 상실증 환자가 사망했다."는 기사를 실었어요. HM의 본명은 헨리 몰레이슨이었습니다. 여러분, 기억 능력을 지키기 위해서는 언제나 여러분의 뇌를 소중히 여기세요!

3

인간관계의 심리

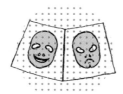

첫인상은 왜 중요할까?

초두 효과

"안나야, 나 화장실 좀 가야겠다. 너 먼저 들어가 있어."

토요일의 심리 클럽 네 번째 모임이 있는 날이었다. 용이는 안나와 함께 교실로 걸어가다가 이 말을 남기고 화장실로 부리나케 뛰어갔다. 교실 안으로 발을 내디딘 순간 안나는 당황했다. 종찬이 혼자 덩그러니 앉아 있었던 것이다.

"어……."

안나가 인사를 건넬까 말까 망설이고 있는데 종찬이가 인기척을 느끼고 고개를 들었다. 안나는 종찬이와 눈이 딱 마주쳤다.

"안녕."

종찬이가 안나에게 먼저 인사한 것은 이번이 처음이었다.

"아, 안녕하세요."

안나도 얼떨결에 인사하고 자리에 앉았다. 마음이야 종찬이 바로 옆에 앉고 싶었지만 그러면 종찬이가 이상하게 생각할까 봐 한 자리 건너편에 앉았다.

인사만 하고 말 줄 알았던 종찬이는 의외로 다시 말을 걸었다.

"항상 같이 다니던 친구는 안 보이네? 용이 말이야."

"용이는 화장실 갔어요. 금방 올 거예요."

"너랑 용이는 많이 친한가 보다?"

"제일 친한 친구예요. 유치원 때부터 죽 친구였어요."

"그렇게 오랫동안 친하게 지낸 친구가 있어서 참 좋겠다."

안나도 종찬이에게 묻고 싶은 것이 많았다. 선배도 심란 중학교에 친한 친구가 있어요? 아니면 선배의 친구들은 다 고등학교에 가 있나요? 선배는 왜 열일곱 살인데 아직 중학교에 다녀요?

안나가 머뭇거리는 사이 용이가 나타났다.

"종찬이 형, 안녕!"

용이는 안나와 달리 명랑하게 넙죽 인사하고는 안나와 종찬이 사이 자리에 앉았다. 안나는 입가에 맴돌던 질문들을 꿀꺽 삼켰다.

곧이어 주영이와 선아 그리고 최이고 선생님이 연달아 교실로 들어왔다. 어느새 6월 중순이라 아이들의 옷차림은 가볍게 바뀌어 있었지만 선생님은 처음 보았을 때의 단정한 양복 차림 그대로였다. 매일같이 열심히 깎는지 여전히 민둥민둥한 머리는 광이 날 지경이었다.

"오늘은 토요일의 심리 클럽 1학기 마지막 시간이지? 7월에는 기말고사를 치른 다음에 금방 방학이니까. 그런 만큼 알찬 시간 만들어 보자. 오늘 할 심리 실험은 인간관계에 관한 거야. 부모님과의 관계, 친구와의 관계에 두루두루 적용할 수 있는 심리 실험이니까 꽤 재미있을 거다."

선생님은 잠시 말을 멈추고 아이들을 쭉 둘러보았다. 그러고는 선아에게 질문을 던졌다.

"선아는 올해 중학생이 되고서 새 친구들을 많이 사귀었니?"

"네. 처음에는 같은 반 애들이랑 어색했는데 이젠 되게 친해요."

"우리 토요일의 심리 클럽도 그렇지. 내가 처음 이 교실에 들어왔을 때 생각나니? 너희는 '저 까까머리 아저씨는 대체 누구야?' 하는 눈빛으로 나를 쳐다봤지? 하지만 지금은 서로 익숙하잖아."

안나도 그때가 생각나 미소를 지었다. 한 달에 한 번씩만 만나는 토요일의 심리 클럽이지만 어느새 안나의 생활에서 큰 부분을 차지하고 있었다. 선생님은 물론이고 주영이와 선아도 오래전부터 알고 지낸 사람처럼 느껴졌다. 다만 종찬이만은 아직도 영 어색했다. 누군가에게 스스럼없이 먼저 다가가지 못하는 안나는 처음 만나는 사람과도 금세 친해지곤 하는 용이가 부러웠다.

"인간관계란 게 참 중요하지. 주위 사람들과 사이가 나쁘면 살맛도 안 날걸?"

"맞아요. 인간관계가 좋아야 공부도 더 잘돼요."

선아의 말에 안나와 용이는 서로 바라보며 어깨를 으쓱했다. '정말 선아다운 반응이네.'라는 뜻이었다.

"자, 이제 오늘의 심리 실험을 시작하자. 여기 두 종류의 질문지가 있어. 누가 어떤 질문지를 받게 될지는 아직 몰라. 임의로 나눠 줄 거니까. 어려운 질문은 아니니까 너무 깊이 생각하지 말고 머릿속에 떠오르는 대로 답하면 돼."

선생님은 아이들에게 종이 한 장씩을 건넸다. 안나가 받은 종이에는 이런 질문이 적혀 있었다.

내일 전학생이 옵니다. 당신이 원하면 전학생은 당신 옆에 앉게 될 것이고, 당신이 원하지 않으면 다른 자리에 앉게 될 것입니다. 이 전학생에게는 다음의 여섯 가지 특징이 있습니다.

영리하다 / 부지런하다 / 충동적이다 / 비판적이다 / 고집 세다 / 질투심 강하다

당신은 어느 쪽을 택하겠습니까?
(1) 내 옆자리에 앉게 한다.
(2) 다른 자리에 앉게 한다.

안나는 전학생의 특징이라는 여섯 개의 문장을 찬찬히 읽어 보았다. 단점도 있긴 하지만 이 정도면 친하게 지낼 만한 아이인 것 같았다.

'단점보다 장점이 더 많아 보이는데? 단점이야 나도 있잖아. 게다가 나처럼 주관 없이 어리바리한 것보다는 고집이 좀 있는 게 나을 수도 있어.'

잠시 후 선생님이 물었다.

"모두 답을 달았니?"

"네!"

"그럼 어디 결과를 한번 볼까? 1번 '내 옆자리에 앉게 한다.'를 택한 사람?"

안나와 선아가 손을 들었다.

"2번 '다른 자리에 앉게 한다.'를 택한 사람?"

용이와 종찬이가 바로 손을 들었고 주영이는 잠시 머뭇거리다가 결국 손을 들었다.

선생님이 안나에게 말했다.

"안나가 받은 질문지에 있는 말을 읽어 볼래?"

안나는 처음부터 끝까지 읽어 내려갔다. 안나가 읽기를 마치자 주영이가 선생님에게 말했다.

"제가 받은 질문도 안나 거랑 거의 같은데, 중간에 나와 있는 전학생의 특징만 다르네요. 겹치는 특징도 몇 개 있지만요."

"그럼 주영이는 그 특징들만 읽어 보겠니?"

주영이는 손에 쥐고 있던 질문지를 들여다보며 문장들을 읽기 시작했다.

"질투심 강하다, 고집 세다, 비판적이다, 충동적이다, 부지런하다, 영리하다."

안나도 주영이가 읽는 동안 전학생의 특징이 몇 개 겹친다는 생각이 언뜻 들었다. 그런데 누군가 피식 웃는 소리가 들렸다. 종찬이였다. 종찬이가 나직하긴 하지만 모두가 들을 수 있는 목소리로 말했다.

"똑같잖아. 순서만 다르고."

그 말에 안나는 용이 쪽으로 몸을 기울여 용이가 받은 질문지와 자신의 질문지를 비교해 보았다. 선아와 주영이도 서로 확인하느라 분주했다. 종찬이 말대로였다. 안나, 종찬이, 선아에게 주어진 전학생의 특징과 용이, 주영이에게 주어진 전학생의 특징은 완벽하게 똑같았다. 다만 순서가 반대로 되어 있다는 점만 달랐다.

선생님이 미소를 지으며 말했다.

"종찬이가 바로 알아챘구나. 너희는 똑같은 특징을 보고서도 대답이 갈렸지. 어떻게 갈렸는지 종찬이가 설명해 보겠니?"

"네. 긍정적인 특징을 먼저 본 사람은 이 전학생을 옆자리에 앉히고 싶어 했고, 부정적인 특징을 먼저 본 사람은 전학생을 싫어했어요. 똑같은 사람을 두고도 먼저 본 특징에 따라서 판단이 달라진 거예요."

"그러는 종찬이 너만 긍정적인 특징을 먼저 보고도 2번을 선택했네."

"저는 그냥 혼자 앉는 게 더 좋아서 그런 거예요. 전학생이 싫어서가 아니라요."

그제야 안나도 이 심리 실험이 이해가 되었다. 선생님도 종찬이의 설명이 만족스러운지 고개를 끄덕였다.

"이건 1946년에 솔로몬 애시라는 심리학자가 한 실험을 학생인 너희 상황에 맞춰서 살짝 바꾼 거란다. 하지만 제시된 여섯 가지 특징과 순서는 똑같이 설정했지. 솔로몬 애시의 실험에서도 마찬가지 결과가 나왔어. 종찬이가 방금 정확하게 설명한 대로 처음 접한 정보에 따라 평가가 달라진 거야. 이 심리 실험으로 알 수 있는 현상을 초두 효과라고 해. 첫머리 효과나 첫인상 효과라고도 하고."

이 말을 들은 주영이가 나섰다.

"선생님이 무슨 말씀을 하시려는 건지 알겠어요. 첫인상이 중요하다는 말씀이죠?"

솔로몬 애시 Solomon E. Asch, 1907~1996
미국의 심리학자. 초두 효과와 동조 현상에 대한 연구로 유명해졌다. 특히 선의 길이를 비교해 보게 하는 동조 실험은 '애시 동조 실험'이라는 이름으로 불리고 있다. "인간의 마음은 거짓보다는 진실을 발견하기 위한 일종의 기관이다."라는 말을 남겼다.

"이야, 주영이가 나 대신 여기 서 있어도 되겠다. 바로 그거야. 첫인상이 좋으면 그 후에 좀 나쁜 면을 보더라도 넘어가지. 반면에 첫인상이 나쁘면 그 후로도 안 좋게 판단하고."

안나는 토요일의 심리 클럽이 처음 모였던 날, 그러니까 종찬이를 처음 만났던 날을 떠올려 보았다. 자신이 종찬이에게 어떤 첫인상을 주었을지 궁금했다.

'그날 자기소개를 할 때 내가 가장 별로였던 것 같은데. 아 참, 자기소개를 한 건 종찬 선배가 교실에 들어오기 전이었지. 선배는 그날 휴대폰을 가지고 토론할 때 날 처음 봤을까? 그때 내가 선배 편을 들었잖아. 아, 근데 나 되게 우물쭈물 말하지 않았나? 그때 그냥 가만히 있을 걸 그랬나?'

이런 생각이 들자 안나는 속이 상했다. 하지만 심리학자인 선생님이라면 해결책도 알고 있을 것 같아 손을 들고 질문했다.

"선생님, 사람이 매일매일 좋은 모습만 하고 있을 수는 없잖아요. 실수로 별로 안 좋은 첫인상을 줬으면 어떡해요? 무슨 방법 없을까요?"

"그거 참 좋은 질문! 물론 첫인상이 중요하긴 하지만 상대방에게 안 좋은 첫인상을 줬다고 해서 '아, 이 사람하고 친해지기는 틀렸구나.' 하고 지레 포기할 필요는 없어. 인간관계에서는 **빈발 효과**라는 심리 현상도 있거든. 첫인상과는 다른 행동이나 모습을 자꾸 반복해서 접하게 되면 첫인상에 따른 판단을 바꾸게 되는 거야."

안나는 안심이 되었다. 그러고 보니 처음에는 엉뚱한 괴짜 같기만 했던 선생님도 이제는 다정해 보였다. 얄밉게 느껴지던 선아도 계속 보다 보니 귀여웠다. 빈발 효과가 초두 효과를 이긴 셈이었다.

"물론 빈발 효과만 믿고 첫인상을 소홀히 해서는 안 돼. 누군가를 처음 만날 때는 긍정적인 첫인상을 주기 위해 노력해야지. 그래야 좋은 관계를 맺기가 쉬우니까. 또 반대로 누군가를 처음 봤을 때 첫인상이 다소 마음에 안 들더라도 그 사람을 완전히 부정적으로 판단해 버려서도 안 되고. 그 사람이 그날 기분 나쁜 일을 당했을 수도 있고 컨디션이 안 좋았을 수도 있잖니? 마음을 열고 다가가면 처음에는 안 보였던 장점이 차츰차츰 보이게 될 거야."

주영이가 다시 나섰다.

"그래서 제가 아까 금방 손을 들지 않았던 거예요. 그 전학생이 좀 별로인 애 같긴 했지만 제가 너무 성급하게 판단해 버리는 게 아닌가 싶었거든요. 전 누구에게나 장점이 있다고 생각해요. 제가 이런 생각을 갖고 있기 때문에 친구가 많은 것 같아요."

그러자 주영이보다 먼저 손을 들었던 용이가 핀잔을 주었다.

"에, 누나 뭐야. 결국 누나도 나처럼 전학생이랑 앉기 싫다고 결정하긴 했잖아."

"그건…… 그건 같은 자리에 앉는 건 좀 부담 돼서 그랬지. 일단 다른 자리에 앉게 하고서 천천히 친해지는 편이 좋겠다고 판단한 거라고. 정말이야!"

민망해하는 표정으로 변명하는 주영이를 보며 아이들은 웃음을 터뜨렸다. 종찬이도 미소를 지었다. 처음에는 무뚝뚝하기만 한 듯했던 종찬이도 자꾸 보다 보니 이렇게 밝은 표정을 지을 때가 있었다. 그런 종찬이를 보며 안나는 속으로 다짐했다.

'혹시 내 첫인상이 별로였더라도 앞으로 종찬 선배랑 잘 지내려고 노력하다 보면 선배도 나를 좋게 생각하게 될 거야!'

내가 웃는 게 웃는 게 아니야

뒤셴 웃음, 팬암 웃음

최이고 선생님이 가방에서 무언가를 꺼냈다. 작은 수첩이었다.

"내가 지금부터 너희를 웃게 하고 싶거든. 그래서 인터넷을 검색해서 아주 재미있는 유머를 적어 왔어. 한번 들어 보렴."

선생님은 수첩을 들여다보며 말하기 시작했다.

"셜록 홈스와 왓슨 박사가 캠핑 여행을 갔다. 둘은 저녁을 먹은 후에 잠자리에 들었다. 몇 시간 후 홈스가 왓슨 박사를 깨우더니 이렇게 말했다. '이봐, 왓슨. 하늘을 보고 뭐가 보이는지 말해 보게.' 왓슨 박사가 대답했다. '수많은 별이 보이는군.' 홈스가 다시 말했다. '자네는 그 사실로부터 무엇을 추리할 수 있나?' 왓슨 박사는 잠시 생각하고서 말했다. '음, 천문학적으로는 수백만 개의

은하계와 수십억 개의 항성이 있다는 것을 알 수 있고, 점성학적으로는 사자자리에 토성이 있다는 것을 알 수 있고, 시간적으로는 3시 15분이라는 것을 알 수 있고, 기상학적으로는 내일 날씨가 좋으리라는 것을 알 수 있고, 신학적으로는 신은 위대하며 우리는 우주의 먼지 같은 존재라는 것을 알 수 있네. 홈스 자네는 무엇을 추리할 수 있나?' 그러자 홈스가 외쳤다. '누가 우리 텐트를 훔쳐 갔다는 것을 알 수 있지!'"

선생님이 긴 유머를 열심히 읽었지만 교실 안에는 냉기가 돌았다. 그래도 안나는 선생님이 너무 무안해할까 봐 일부러 웃음을 띠고 있었다.

"흠, 별로 재미없니? 이건 영국 어느 대학의 웃음 연구소에서 선정한 세계에서 가장 웃긴 유머 중의 하나라는데……."

보다 못한 용이가 나섰다.

"선생님, 요즘은 그런 긴 유머 안 통해요. 짧은 유머 모르세요?"

"짧은 거?"

"네, 이런 거요. 도둑이 제일 좋아하는 아이스크림은 뭐게요?"

선아가 끼어들어 재빨리 대답했다.

"나 알아. 보석바!"

"히히, 맞아. 그럼 도둑이 제일 싫어하는 아이스크림은 뭔지 알아?"

"어…… 그건……."

"답은 누가바야!"

아이들은 조금씩 키득거리기 시작했다. 저마다 자기가 아는 유머를 말하느라 교실 안은 소란스러워졌다.

"음식점에 꼭 있는 개는? 이쑤시개!"

"차도가 없는 나라는? 인도! 세상에서 가장 큰 코는? 멕시코!"

"아침에 절대 먹을 수 없는 두 가지는? 점심이랑 저녁!"

"형제가 싸울 때 동생 편만 드는 걸 네 글자로 하면? 형편없다!"

"오세아니아 대륙에서 새를 발견한 사람이 한 말은? 오, 새 아니야!"

아이들은 온갖 유머를 주고받으며 하하하 웃음보를 터뜨렸다. 선생님도 아이처럼 웃었다.

"역시 유머에 관해서는 나보다 너희가 전문가구나. 내가 왜 유머 이야기를 꺼냈는가 하면, 지금부터 하려는 심리 실험이 웃음과 관계된 거라서 그래."

선생님은 가방에서 또 무언가를 꺼냈다. 이번에는 A4 종이 크기 정도의 커다란 사진 두 장이었다. 선생님은 사진을 나란히 들어 아이들에게 보여 주었다. 사진 속에서 어떤 이십 대 후반의 여자가 윗니가 드러날 만큼 환하게 웃고 있었다. 언뜻 보았을 때는 두 사진이 똑같은 듯했지만 자세히 들여다보니 완전히 똑같지는 않고 약간 달랐다.

"이 두 사진 중에서 하나는 진짜 웃음이고 다른 하나는 가짜 웃음이야. 어느 쪽이 진짜 웃음인지 알아맞혀 보렴."

용이가 통 이해가 안 된다는 표정을 지으며 말했다.

"선생님, 웃음이면 다 그냥 웃음이지 진짜 가짜가 어디 있어요?"

"흠, 좀 더 풀이해서 설명해 줄까? 진짜 웃음은 정말로 즐거워서 나오는 웃음이고 가짜 웃음은 억지로 만드는 웃음이라고 보면 돼. 이제 구별할 수 있겠니?"

선생님의 설명에도 용이는 의아한 표정을 거두지 못했다. 그만큼 두 사진은 조금 다르긴 해도 거의 비슷하게 활짝 웃는 모습이었기 때문이다.

이번에는 주영이가 물었다.

"이 심리 실험에도 뭔가 속임수가 있는 거 아니에요? 저희 그동안 여러 번 속았잖아요."

"이번에는 아니야. 방금 말한 대로 분명히 이 심리 실험은 웃음에 대한 것이고, 이 사진 중에서 하나만 진짜 웃음이지."

선생님의 말투는 부드러우면서도 단호했다. 선생님이 그렇게까지 말하는 것을 보니 다른 의도가 있는 것 같지는 않았다. 그래도 여전히 안나는 두 사진 중 어느 쪽이 진정한 웃음이고 어느 쪽이 억지스러운 웃음인지 알 수가 없었다.

가장 먼저 한쪽을 고른 사람은 주영이였다.

"오른쪽이 진짜 웃음 같아요. 입이 살짝 더 벌어져 있거든요."

"주영이는 오른쪽을 골랐구나. 다른 의견 있니?"

이번에는 용이가 나섰다.

"저는 왼쪽 사진을 고를래요!"

"어째서지?"

"그냥…… 찍었어요, 헤헤."

용이가 실없이 웃고만 있자 종찬이가 나섰다. 이유는 알 수 없지만 종찬이에게서 즐거운 기색이 슬쩍 묻어났다.

"저도 왼쪽이 진짜 웃음 같아 보여요. 오른쪽 사진에서는 긴장감 같은 게 좀 느껴져요."

"의견이 분분하구나. 자, 정리해 보자. 오른쪽 사진이 진짜 웃음이라고 생각하는 사람?"

주영이와 선아 그리고 뜻밖에도 용이가 손을 들었다.

"다시 찍었어요, 히히. 원래 열다섯 살의 마음은 갈대라고요."

"그럼 남은 사람은 안나와 종찬이구나. 안나는 왼쪽 사진이라고 생각하는 거니? 종찬이는 그새 의견을 바꾸지는 않았고?"

"네."

안나와 종찬이 모두 고개를 끄덕였다. 사실 안나는 오른쪽 표정에 긴장감이 있는지 없는지 잘 몰랐지만 그래도 종찬이 편을 들고 싶었다.

"선생님, 답이 뭐예요? 빨리 알려 주세요!"

용이의 재촉에도 선생님은 뒷짐을 진 채 느긋하게 다른 이야기부터 꺼냈다.

"지금으로부터 약 150년 전에 프랑스에 기욤 뒤셴 Guillaume Duchenne 이라는 사람이 있었지. 심리학자는 아니고 과학자였단다. 기욤 뒤셴은 사람의 얼굴 표정에 관심이 많았어. 그래서 얼굴 근육이 거의 마비된 환자의 얼굴 여기저기에 전기 자극을 가하면서 연구를 했지. 그리고 웃을 때는 이런 특징이 나타난다는 점을 발견했어. 그건 바로…… 사람이 웃으면 눈썹이 아래로 처지면서 눈이 반달 모양이 되고 눈가에 주름이 생긴다는 사실!"

선생님은 두 사진을 아이들을 향해 좀 더 가까이 내밀었다.

"기욤 뒤셴의 연구를 떠올리면서 이 사진을 한 번 더 살펴봐라. 어느 게 진짜 웃음일까?"

그제야 안나는 두 사진의 차이가 눈에 들어왔다. 열쇠는 입의 모양이 아니라 눈과 그 주변 부위에 있었다. 왼쪽 사진의 얼굴은 눈 부분이 기욤 뒤셴이 발견한 웃음의 특징과 일치했다. 하지만 오른쪽 사진의 얼굴은 그렇지 않았다. 입 꼬리는 쑥 올라가 있지만 눈매는 원래대로 동그란 모양이었다.

안나가 이 사실을 말하려는데 선아가 선수를 쳤다.

"왼쪽이 진짜 웃음이에요. 눈가를 보니까 알겠어요."

용이가 배시시 웃으며 말했다.

"저 또 의견 바꿀래요. 저도 왼쪽이 진짜 웃음으로 보여요."

안나는 종찬이를 쳐다보았다. 종찬이의 얼굴에는 미소가 서려 있었지만 진짜 웃음인지 가짜 웃음인지 알아내기 힘들 정도로 희미한 미소였다.

선생님이 다시 입을 열었다.

"맞아. 왼쪽이 진짜 웃음이지. 리처드 와이즈먼이라는 영국의 심리학자가 2006년에 어느 미술관에서 관람객들을 상대로 이것과 비슷한 심리 실험을 했단다. 그랬더니 너희처럼 관람객들도 진짜

리처드 와이즈먼 Richard Wiseman, 1966~
영국의 심리학자. 현재 허트포드셔 대학교 심리학 교수다. 그동안 주류 심리학계에서 잘 다루지 않았던 웃음, 속임수, 미신 등 독특한 주제에 많은 관심을 보이고 있다. 세계적인 마술사들의 모임인 '매직 서클'의 최연소 회원이기도 했다.

웃음을 알아맞히는 성적이 신통치 않았지. 심리학에서는 이런 진짜 웃음을 기욤 뒤센의 이름을 따서 뒤센 웃음이라고 불러. 오른쪽 같은 가짜 웃음은 팬암 웃음이라고 부르고. 미국의 팬암 항공사 승무원들이 항상 이런 웃음을 띠었다고 해서 붙여진 이름이야."

안나는 조금 전 선생님의 썰렁한 유머를 들었던 순간이 떠올랐다. 그때 안나가 선생님이 기분 상할까 봐 일부러 지었던 미소도 팬암 웃음인 셈이었다.

주영이가 사뭇 진지하게 말했다.

"승무원들은 힘들겠어요. 아무리 손님이 중요하다고 해도 그렇게 계속 가짜 웃음을 지으려면 참 피곤할 텐데."

"그러게 말이다. 항공사 승무원뿐만 아니라 서비스 분야에서 일하는 사람들에게서 팬암 웃음을 자주 볼 수 있지. 또 우리도 평소에 가끔씩 팬암 웃음을 짓곤 하잖니?"

"전 친구들하고 있을 때는 무조건 밝은 표정만 지으려고 노력해요. 많은 친구들과 다 잘 지내고 싶어서요. 제가 항상 웃으니까 친구들도 절 좋아해 주거든요. 그러다 보니까 팬암 웃음도 자주 짓게 되는 것 같아요."

"주영이가 항상 밝기만 한 줄 알았더니 나름 그런 고충이 있었구나. 2001년에 미국의 대처 켈트너Dacher Keltner와 리앤 하커LeeAnne Harker라는 두 심리학자가 이런 심리 실험을 했어. 어느 대학의 1960년도 졸업 사진에서 뒤센 웃음을 짓고 있던 사람들과 팬암 웃음을 짓고 있던 사람들이 수십 년이 흐른 후 어떤 삶을 살고 있나 조사해 본 거지. 그랬더니 놀랍게도 뒤센 웃음을 짓고 있던 사람들이 훨씬 더 행복한 결혼 생활을 하고 있다고 나왔어. 웃으면 복이 온다는 말도 있잖니? 나는 이 말을 이렇게 바꾸고 싶구나. 뒤센 웃음으로 웃으면 우정과 사랑이 온다! 물론 팬암 웃음도 인간관계를 위해 꼭 필요한 거긴 하지만 너무 무리할 필요는 없어. 진정한 친구라면 웃을 때도 웃지 않을 때도 마음을 나누게 될 테니까."

선생님의 말에 주영이는 사진 속의 여자만큼이나 활짝 웃었다.

그때 용이가 안나를 툭툭 건드렸다. 안나가 돌아보니 용이가 헤벌쭉 웃으면서 두 손으로 양쪽 눈썹의 가장자리를 아래로 죽 당기고 있었다.

"안나야, 이거 완전 확실한 뒤센 웃음이지?"

"용아, 흉하거든. 그 손 내려라, 제발."

"치, 뒤센 웃음을 지었으니까 나한테 우정을 줘야지, 이 반응은 뭐냐!"

장난으로 투덜거리는 용이 너머로 종찬이의 모습이 보였다. 안나와 용이 쪽을 보며 미소를 짓고 있었다. 입술이 확 벌어져 있지는 않았지만 눈가를 보니 뒤센 웃음이 확실했다. 안나 역시 자신도 모르게 미소를 짓고 있었다. 안나의 것도 확실한 뒤센 웃음이었다.

칭찬은 너도 나도 춤추게 한다
칭찬의 효과

쉬는 시간 후 토요일의 심리 클럽 아이들은 컴퓨터 앞에 멀뚱멀뚱 앉아 있었다.

"이 심리 실험은 컴퓨터가 필요해. 다 함께 컴퓨터실로!"

최이고 선생님이 이렇게 말하며 아이들을 컴퓨터실로 데려온 것이다.

토요일의 심리 클럽이 시작한 이후로 처음 장소를 바꾼 것이라 안나는 새로운 기분이 들었다. 다른 아이들도 같은 기분인 듯 잡담도 하지 않고 조용히 있었다. 선생님은 아이들의 마음을 아는지 모르는지 모니터를 들여다보며 무언가 준비하는 데 열중했다.

잠시 후 선생님이 고개를 들고 말했다.

"자, 내가 칠판에 어떤 사이트의 주소를 적어 줄 테니까 다들 접속해 봐라."

그 사이트에 접속하자 단순한 화면이 떴다.

당신의 이름을 입력하십시오.

주영이가 물었다.

"선생님, 이름을 입력하라고 나오는데요? 그냥 제 이름을 치면 되는 거예요?"

"그래, 꼭 너희 이름 석 자를 입력해야 해."

안나가 네모 칸에 '박안나'라고 입력하자 다음 화면으로 넘어갔다.

박안나 님, 환영합니다. 이제부터 당신은 다섯 개의 심리학 퀴즈를 풀게 될 것입니다. 당신이 무슨 답을 입력하든 미리 프로그램 되어 있는 대로 무조건적인 찬사가 쏟아질 것입니다. 퀴즈를 시작할 준비가 되었으면 다음 버튼을 누르세요. →

안나는 화살표 버튼을 눌렀다. 화면에 첫 번째 질문이 떴다.

국내 미술품 경매 시장에 처음 오른 빈센트 반 고흐의 작품인 「누운 소」

(Lying cow)가 11일 29억 5000만 원에 낙찰됐다. 이는 국내 경매 시장에서 팔린 해외 작품으로는 최고가 기록이라고 K옥션은 설명했다.

_ 연합뉴스 2008.6.11.

이 신문 기사와 관련된 심리 현상은 무엇일까요?

이번에는 용이가 물었다.

"선생님, 저희 복습시키시는 거예요?"

"이것도 엄연히 심리 실험이란다. 하지만 이 기회에 복습까지 한다면 일거양득이겠지?"

"옆 사람이랑 의논해서 풀어도 돼요?"

"그건 금지! 각자 집중해서 퀴즈를 풀도록."

아이들은 진지하게 모니터를 바라보며 키보드를 두드렸다. 안나는 첫 번째 퀴즈의 답을 금방 기억해 냈다. 희귀성의 법칙. 안나가 답을 입력하자 화면에 칭찬의 말이 나타났다.

당신은 최고의 심리학자가 될 자질이 있군요!

안나는 피식 웃고 두 번째 퀴즈로 넘어갔다. 다음 퀴즈도, 또 다음 퀴즈도 모두 그동안 토요일의 심리 클럽에서 알게 된 심리 현상이나 심리학 용어와 관련된 것들이었다. 조금 헷갈리는 것도 있었지만 안나는 모두 답을 입력했다. 그때마다 컴퓨터는 칭찬을 쏟아 냈다.

당신은 심리학에 진정으로 애정을 가졌군요!

당신은 지금 당장 심리학을 가르쳐도 되겠군요!

당신은 다른 사람의 심리를 꿰뚫어 볼 수 있군요!

당신은 심리학의 미래를 책임질 능력이 있군요!

안나는 컴퓨터의 칭찬을 볼 때마다 그냥 웃어넘기면서도 어느새 기분이 좋아졌다. 퀴즈를 풀기 전에 안내문에서 "무슨 답을 입력하든 무조건적인 찬사가 쏟아질 것입니다."라는 말을 읽었음에도 컴퓨터의 칭찬은 안나를 우쭐하게 했다.

마침내 다섯 개의 퀴즈를 전부 풀자 화면에는 이런 말이 떴다.

수고하셨습니다. 당신은 심리학 퀴즈를 마치셨습니다. 당신이 이 퀴즈에 만족한 정도를 1부터 10까지 숫자로 적어 주십시오.

안나는 9라는 숫자를 입력했다. 덕분에 복습을 잘한 것 같아서 만족스러웠다.

아이들이 모두 퀴즈 풀기를 마치자 선생님이 말했다.

"그동안 토요일의 심리 클럽에 열심히 참여한 사람이라면 누구나 쉽게 맞힐 수 있는 퀴즈였지? 참, 너희가 정답을 몇 개나 맞혔는지는 조금 이따가 알려 줄게."

용이가 의아한 표정으로 물었다.

"선생님, 그건 이미 퀴즈를 풀 때마다 나왔잖아요?"

"아, 사실 용이 네가 답을 입력했을 때 모니터에 뜬 말들은 실제 답과는 상관없이 무조건 튀어나오게 프로그램 되어 있던 말이란다, 하하."

용이가 머리를 쥐어뜯는 시늉을 하며 외쳤다.

"으아아, 어쩐지! 내가 그렇게 잘 풀 리가 없지! 당장 심리학을 가르쳐도 되겠다는 둥, 남의 심리를 꿰뚫어 본다는 둥 그래서 전 연예인이 아니라 심리학자가 돼야 하나 고민했단 말이에요!"

그러자 주영이가 용이에게 말했다.

"이상하네. 용이 넌 그걸 몰랐단 말이야? 난 처음부터 알고서 풀었는데."

안나도 주영이를 거들었다.

"그래, 나도 퀴즈를 풀기 전부터 알고 있었어."

이번에는 선아가 나섰다.

"나도 용이 오빠처럼 모르고 있었는데? 내 답에 따라 컴퓨터가 다른 반응을 보여 줄 거라고 했다고. 뭐 어차피 나야 다 정답을 입력하긴 했지만."

알고 보니 퀴즈를 시작할 때 나오는 안내문이 달랐던 것이었다. 용이와 선아의 안내문에는 "무슨 답을 입력하든 미리 프로그램 되어 있는 대로 무조건적인 찬사가 쏟아질 것입니다."라는 말 대신 "당신의 답을 분석해서 컴퓨터가 적절한 찬사를 보낼 것입니다." 라는 말이 있었다고 했다.

아이들은 이게 어떻게 된 일이냐는 표정으로 선생님을 바라보았다. 선생님은 모르는 척하고 모니터를 바라보며 이야기를 시작했다.

"우선 너희가 이 심리학 퀴즈에 얼마나 만족했는지 숫자를 확인해 볼까? 종찬이가 7, 주영이가 10, 안나가 9, 용이가 10, 선아가 8. 컴퓨터가 해 주는 칭찬이 진짜 칭찬인 줄 알았던 사람이건 가짜 칭찬인 줄 알았던 사람이건 꽤 높은 숫자를 입력했구나. 난 종찬이 만은 0점을 줄까 봐 걱정했는데 7점이나 줬네. 종찬아, 고맙다!"

선생님의 넉살에 종찬이는 쑥스러운 듯 살짝 미소 지었다.

주영이가 씩 웃으며 말했다.

"그게 그냥 하는 칭찬이라는 건 알고 있었지만 그래도 기분 좋던데요? 최고의 심리학자가 될 수 있다니까 막 신이 났어요. 그래서 10점을 입력했죠."

"이건 B. J. 포그B. J. Fogg와 클리포드 나스Clifford Nass가 1997년에 한

심리 실험을 바탕으로 한 거란다. 이 심리 실험에는 '아첨하는 컴퓨터의 효과'라는 재미난 이름이 붙어 있지. 실제 실험에서는 세 가지 경우가 있었어. 칭찬을 받긴 했는데 그게 무조건적인 칭찬이란 사실을 알았던 사람, 그 칭찬이 진짜 칭찬인 줄로만 알았던 사람, 그리고 칭찬을 하나도 못 받은 사람. 칭찬을 받지 못한 사람은 만족도가 그리 높지 않았단다. 당연한 반응이었다고 볼 수 있겠지. 그런데 재미있는 건 그 칭찬이 무조건적인 아첨이라는 사실을 분명히 알고 있던 사람조차도 만족스러워했다는 점이야. 주영이, 종찬이, 안나처럼 말이지. 자, 이 심리 실험을 통해 알 수 있는 사실은 뭘까?"

용이가 장난기 담긴 목소리로 말했다.

"아첨하면 통한다는 거요!"

"하하, 아주 틀린 말은 아니지만 그래도 용이가 좀 너무 나갔구나. 약간만 순화해서 표현해 보면 어떨까?"

이번에는 안나가 대답했다.

"사람은 칭찬에 약하다는 거예요!"

"바로 그거야! 컴퓨터가 기계적으로 하는 칭찬에도 그렇게 기분이 좋아지는데 다른 사람한테서 칭찬을 들으면 얼마나 좋겠니? 칭찬은 인간관계를 잘 굴러가게 하는 기름 같은 거야. 『칭찬은 고래도 춤추게 한다』라는 책도 있잖니? 말 못하는 동물에게도 통할 정도니까 칭찬이 얼마나 큰 힘을 발휘하는지 알겠지?"

선생님의 설명에 선아도 고개를 끄덕였다.

"전 공부 자체가 좋기도 하지만 성적이 잘 나와서 칭찬을 들으면 더 공부할 맛이 나요."

주영이도 맞장구를 쳤다.

"저도 친구들의 장점을 찾아서 칭찬을 자주 해 주는 편이에요. 그러면 확실히 사이가 더 좋아지더라고요."

그때 계속 조용히 있던 종찬이가 입을 열었다.

"하지만 그렇다고 컴퓨터처럼 무조건 칭찬만 하면 되는 건가요? 사람이 그렇게 단순한 존재는 아니잖아요."

"종찬이가 중요한 사실을 지적해 줬구나. 이 심리 실험에서 우리가 간과하기 쉬운 건 칭찬에도 기술이 필요하다는 점이지. 『칭찬은 고래도 춤추게 한다』에 나와 있는 칭찬의 십계명을 소개해 줄게."

선생님은 칠판에 글을 적어 내려갔다.

1. 칭찬할 일이 생겼을 때 즉시 칭찬하라.
2. 잘한 점을 구체적으로 칭찬하라.
3. 가능한 한 공개적으로 칭찬하라.
4. 결과보다는 과정을 칭찬하라.
5. 사랑하는 사람을 대하듯 칭찬하라.
6. 거짓 없이 진실한 마음으로 칭찬하라.

7. 긍정적인 눈으로 보면 칭찬할 일이 보인다.

8. 일이 잘 풀리지 않을 때 더욱 격려하라.

9. 잘못된 일이 생기면 관심을 다른 방향으로 유도하라.

10. 가끔씩 자기 자신을 칭찬하라.

칭찬의 십계명을 읽으면서 안나는 문득 부모님에게 섭섭한 마음이 들었다. 안나의 부모님은 칭찬에 무척 인색했다. 어쩌다 성적이 올라야 "이번에는 잘했구나."라고 할 뿐이었다.

'엄마 아빠는 너무해. 칭찬 좀 한다고 입이 닳는 것도 아닌데.'

그런 안나의 눈에 칭찬의 십계명 중에서도 마지막 10번이 유난히 눈에 들어왔다. 가끔씩 자기 자신을 칭찬하라.

'그래, 따지고 보면 나도 잘하는 게 아주 없는 건 아니지 뭐. 어른들 만나면 인사도 잘하지, 친구들 하소연 들어 주는 것도 잘하지, 만화 캐릭터도 잘 따라 그리지……'

스스로 칭찬거리를 떠올리다 보니 안나는 기분이 좋아졌다. 확실히 칭찬은 긍정적인 힘을 가진 것 같았다. 다른 사람에게도, 자기 자신에게도.

선생님이 다시 말을 꺼냈다.

"칭찬에 대한 이야기가 나온 김에 나도 칭찬을 꼭 하고 싶구나. 너희가 1학기 동안 토요일의 심리 클럽 활동을 열심히 해 줘서 이 선생님은 심리학자로서 어마어마한 보람을 얻었어요. 내 눈에는 너희 한 명 한 명이 다 무지 예뻐 보여. 이건 나의 진심이 담긴 진짜 칭찬이란다. 알지?"

호뭇한 표정을 보니 선생님의 말이 진심이라는 사실을 느낄 수 있었다.

집으로 돌아가기 전에 아이들은 심리학 퀴즈에서 자기가 몇 개나 맞혔는지 확인해 보았다. 선아는 자신 있게 말했던 대로 전부 다 맞혔고 주영이도 다 맞혔다. 다른 아이들도 한 개 정도만 틀렸을 뿐 대부분 정답을 맞혔다. 아이들은 서로 칭찬을 주고받으며 즐거워했다.

"주영이 누나는 진짜 심리학자가 다 된 것 같아!"

"선아 넌 심리학 퀴즈마저 만점이네. 너무 완벽한 거 아니야?"

"용이 오빠도 꽤 잘하네. 엄청 많이 틀린 것처럼 말하더니 겸손이었구나!"

안나도 용기를 내어 종찬이에게 칭찬을 건넸다.

"선배는 참 날카로운 것 같아요. 좋은 의미로 말이에요. 그러니까, 예리하다는 말이에요."

종찬이가 안나에게 칭찬으로 답해 주었다.

"고마워. 넌 참 긍정적으로 생각하는 사람이구나."

그날 오후 안나는 학원에 가다가 길모퉁이 작은 카페의 창가 자리에서 낯익은 얼굴을 발견했다.

'어, 최이고 선생님이네. 들어가서 인사할까?'

그런데 다시 보니 일행이 있었다. 안나는 자신의 눈을 의심했다. 최이고 선생님 맞은편에 있는 사람은 그날 선생님이 보여 주었던 사진 속의 그 여자였다. 그리고 옆에 종찬이도 있었다.

놀란 안나는 가로수 뒤에 숨어서 세 사람을 바라보았다. 여자는 선생님을 향해 밝게 웃으며 이야기하고 있었다. 선생님은 여자를 마주 보고 웃으면서도 종찬이의 눈치를 살피는 듯했다. 종찬이는 음료수만 마시며 묵묵히 앉아 있었다.

'도대체 저 셋은 무슨 관계지? 선생님은 저 여자랑 무슨 대화를 하고 있는 거지?'

안나가 세 사람에게서 눈을 떼지 못하고 있는데 갑자기 종찬이가 창밖으로 눈을 돌렸다. 안나는 화들짝 놀라 가로수 뒤로 몸을 숨겼다. 종찬이가 자신을 보았을까 봐 가슴이 콩닥콩닥 뛰었다.

겨우 가슴을 진정시키고 다시 카페 안쪽을 보니 세 사람은 어느새 자리를 뜨고 없었다. 남은 것은 안나의 마음속에 자리 잡은 커다란 물음표뿐이었다.

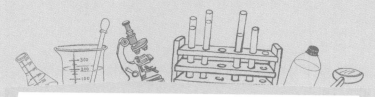

· 차 마 직 접 할 수 없 는 심 리 실 험 ·
애착의 심리

여러분은 동물을 좋아하나요? 집에서 애완동물을 기르는 친구들도 있겠지요? 과학자들은 동물을 꼭 필요로 하는 사람들이랍니다. 동물을 유난히 사랑하기 때문이냐고요? 물론 그런 과학자도 있겠지만 그것보다도 바로 동물 실험 때문이에요. 동물 실험이 윤리적으로 옳은지 그른지 논란이 끊이지 않고 있지만 동물 실험 덕분에 여러 가지 중요한 과학적 사실이 밝혀진 것은 엄연한 사실입니다. 심리학도 예외가 아니지요.

심리학의 역사에서 유명한 동물 실험을 꼽으라면 해리 할로의 원숭이 실험을 빼놓을 수 없답니다. 미국의 심리학자인 해리 할로는 1957년부터 1963년까지 새끼 원숭이를 가지고 기발한 실험을 했습니다. 갓 태어난 새끼 원숭이를 어미 원숭이에게서 떼어 우리에 넣어 둔 다음, 어미 원숭이 모형 두 개를 우리 안에 놓았어요. 한 모형은 철사로 된 몸통에 우

해리 할로 Harry F. Harlow, 1905~1981
미국의 심리학자. 쥐를 주로 이용하던 당시 심리학계의 관행을 깨고 최초로 원숭이를 심리 실험에 동원했다. 사랑과 접촉의 중요성을 일깨운 공로를 인정받아 미국 심리학회 회장을 지냈으며, 국립과학 메달 등 여러 상을 받았다.

유병이 달려 있었고 다른 모형은 보드라운 헝겊이 입혀져 있었어요. 두 모형 어미 원숭이에 대해 새끼 원숭이는 어떤 반응을 보였을까요?

언뜻 생각하기에 새끼 원숭이는 우유병을 갖고 있는 모형을 더 좋아할 것 같았지요. 하지만 결과는 정반대였어요. 어미를 잃은 새끼 원숭이는 슬피 울다가 시간이 흐르자 헝겊 모형에게 찰싹 달라붙어서 좀처럼 떨어지려고 하지 않았습니다. 철사 모형에게 가는 것은 배가 고플 때뿐이었어요. 그것도 재빨리 우유를 먹은 다음에는 금방 다시 헝겊 모형에게 돌아갔어요. 헝겊 모형은 아무런 먹이도 주지 못했지만 새끼 원숭이는 먹이보다는 따뜻한 촉감을 더 원한 것입니다.

그 당시 심리학계에서는 아이를 엄하고 냉정하게 키워야 한다는 생각이 지배적이었어요. 너무 많은 사랑을 주면 아이를 망치게 된다고 여겼거든요. 그래서 아이를 자주 안지도 말고 자주 입을 맞추지도 말라고 부모들에게 조언했어요. 어처구니없고 말도 안 되는 생각이라고요? 그런데 그때의 심리학자들은 정말 그렇게 믿었어요. 심리학자라고 언제나 옳은 것은 아니랍니다.

해리 할로의 원숭이 실험은 이런 잘못된 생각을 깨뜨렸습니다. 사람들은 아이가 부모와 애정 어린 접촉을 자주 가지는 것이 얼마나 중요한지 깨달았어요. 물론 아이에게는 배고픔을 해결하는 것도 필수적입니다. 하지만 아이는 그 이상의 것을 원합니다. 그것은 바로 사랑이겠지요.

그런데 생각해 보면 참 아이러니하지 않나요? 사랑의 중요성을 알게 해 준 심리 실험이 새끼 원숭이를 무자비하게 다룬 결과였다니 말입니다. 해리 할로의 실험에 동원된 새끼 원숭이들은 그 후 어떻게 되었을까요? 처음에는 헝겊 모형과 함께 지내며 별 탈 없이 잘 자라는 것 같았습니다. 하지만 어른이 된 원숭이들은 이상한 행동을 보였어요. 정상적으로 자란 다른 원숭이들과 잘 어울리지 못하는 것은 물론이고 자기 몸에 상처를 내기도 했어요. 비록 헝겊 모형이 위안을 주기는 했지만 진짜 어미를 완전히 대신하지는 못했던 것이지요.

많은 동물 보호 단체에서는 동물 실험을 반대하고 있습니다. 실험 과정에서 동물들이 너무나 많은 고통을 당하기 때문이에요. 다행히 컴퓨터와 로봇을 이용해 동물 실험을 대신하는 방법이 속속 개발되고 있다고 해요. 그러니 여러분은 동물 실험에 대한 걱정은 잠시 놓아두고 가족과 친구를 꼭 안아 주세요. 여러분의 사랑이 전해지도록 말이에요.

4

사회의 심리

나 혼자 고개를 저을 수 있을까?

동조

기말고사와 여름 방학이 눈 깜짝할 새 지나갔다. 언제나 그렇듯 시험 결과는 아쉬웠고 방학은 너무 짧았다. 그래도 안나는 토요일의 심리 클럽에서 알게 된 공부 비법 덕분인지 성적이 전체적으로 약간 올랐다. 여름 방학도 나름 알차게 보냈다. 학원 수업이 좀 벅차기는 했지만 그 와중에도 틈틈이 책을 읽은 것이다. 그중에는 심리학 책도 몇 권 있었다. 하지만 여전히 이렇다 할 특별한 꿈이 생기지 않았다는 사실이 마음에 걸렸다. 그렇게 2학기가 시작되었다. 토요일의 심리 클럽이 다시 모이게 될 시간도 함께 다가왔다.

9월 초, 토요일의 심리 클럽 다섯 번째 시간이자 2학기 첫 번째 시간이 있기 하루 전날이었다. 저녁 무렵 안나의 휴대폰이 문자가 왔음을 알렸다. 최이고 선생님이었다.

'2학기 시작 기념 토요일의 심리 클럽 두 번째 미션이다!!! 내일은 평소보다 이십 분 일찍 교실에 올 것. 그리고 운동화와 체육복을 준비할 것. 딱 이 두 가지야. 하나도 안 어렵지?'

안나는 오랜만에 온 선생님의 문자가 반가우면서도 약간 걱정되었다. 운동화와 체육복이야 사물함에 넣어 두었으니 문제가 아니었다. 하지만 이십 분 일찍 등교해야 한다는 건 부담스러웠다.

'오 분 더 일찍 일어나는 것도 어려운데 이십 분이나 일찍 오라면서 하나도 안 어려운 일이라니, 선생님 정말 너무해!'

그래도 특별 미션을 거스르고 싶지는 않았기에 안나는 엄마에게 일찍 깨워 달라고 신신당부를 하고 잠자리에 들었다.

다음 날 아침. 안나는 허둥대며 등교 준비를 했다. 엄마가 평소보다 일찍 안나를 깨우긴 했다. 하지만 꿈나라에서 헤어 나오지 못한 안나는 조금만 더 자겠다고 버티다 늦게 일어나고 만 것이다.

"그러게, 일찍 일어나고 싶으면 일찍 잤어야지. 잠이라면 일 분도 못 줄이는 애가."

"아무리 그래도 엄마가 좀 세게 깨웠어야지! 늦으면 엄마가 책임져!"

엄마의 잔소리에 신경질로 화답하며 안나는 현관문을 나섰다. 다행히 걸음을 빨리하면 아슬아슬하게 시간 맞춰 교실에 들어설 수 있을 것 같았다. 그런데 문제가 생겼다. 엘리베이터 안에서 거울을 본 안나는 비명을 질렀다.

"으악, 머리가 이게 뭐야!"

대충 말린 것이 화근이었는지 왼쪽 머리가 뻗쳐 있었다. 마음 같아서야 집으로 돌아가 머리를 다시 감고 싶었지만 그랬다가는 학교에 이십 분 일찍 도착하기는커녕 지각할 것이 불을 보듯 뻔했다. 안나는 한숨을 폭 쉬고 그대로 학교로 향했다.

토요일의 심리 클럽이 모이는 날이면 항상 그랬듯 용이가 교문에서 기다리고 있었다.

"박안나, 빨리 와! 나 여기서 오 분도 넘게 서 있었단 말이야."

다행히 용이는 안나의 머리가 이상하다는 사실을 알아보지 못한 것 같았다.

교실에는 주영이, 종찬이, 선생님이 앉아 있었다. 안나는 종찬이와 선생님을 보고 멈칫했다.

지난번에 카페에서 종찬이와 선생님 그리고 사진 속의 여자가 함께 앉아 있는 것을 본 후 안나는 종찬이에 대해 캐 보려고 했다. 하지만 결과는 신통치 않았다.

주영이는 이렇게 말했다.

"난치병에 걸려서 학교를 쉬었다가 다시 다닌다는 소문이 있더라고. 얼굴 봐. 하얗잖아. 백혈병 아니었을까? 어쩌면 아직 병이 다 낫지 않은 건지도 모르지."

선아는 이렇게 말했다.

"그 선배 완전 얼음 왕자라던데? 우리 반에 그 선배 좋아하는 애들이 있거든. 근데 뭘 물어도 대답도 안 하고 선물을 건네도 본 체도 않는대."

용이는 이렇게 말했다.

"내가 종찬이 형한테 물어본 적 있어. 왜 형은 열일곱 살인데 중학교 3학년이냐고. 그랬더니 '그냥 어쩌다.' 이러면서 딴청을 피우더라고. 그래서 더 안 캐물었지 뭐."

안나의 머릿속에서는 이런 상상이 싹텄다. 종찬이는 최이고 선생님의 숨겨 둔 아들이고 그 여자는 선생님의 첫사랑이고 종찬이가 심란 중학교에 온 것은 아빠를 만나기 위해서고……. 그러다 안나는 고개를 저었다.

'말도 안 돼! 드라마도 아니고 그럴 리가 없잖아!'

이런 안나의 마음을 아는지 모르는지, 선생님은 안나와 용이가 인사를 마치자마자 서둘러 말을 꺼냈다.

"자, 선아만 빼고 모두 모였으니 이제 선생님 설명을 잘 들어 봐라."

그러자 주영이가 물었다.

"선생님, 선아는 오늘 안 오는 거예요?"

"오긴 오지. 하지만 선아에게는 이십 분 일찍 오라는 특별 미션을 주지 않았거든. 너희만 일찍 오라고 한 건 다 이유가 있어서야.

그러니까 오늘 하게 될 심리 실험은……."

아이들은 고개를 끄덕끄덕하고 가끔은 키득키득하며 선생님의 설명을 들었다.

제시간이 되자 선아가 교실에 들어왔다. 다른 특별 미션은 받았는지 운동화를 신고 있었다. 자신만 빼고 모두 모인 것을 보고 선아는 조금 놀란 듯했다. 선아가 가장 늦게 온 것은 이번이 처음이었다.

"선아 왔네! 여름 방학 잘 보냈니?"

"네, 영어 캠프랑 과학 캠프도 갔다 오고 이번에는 처음으로 리더십 캠프도 갔다 왔어요. 그런데 심리 캠프 같은 건 없더라고요. 있으면 재미있었을 텐데."

"선아가 여기서 알게 된 심리 실험들을 가지고 나중에 만들면 되겠네. 그럼 말이 나온 김에 곧바로 오늘의 심리 실험을 시작해 볼까?"

선생님은 큰 종이를 들었다. 종이의 왼쪽에는 한 개의 직선이, 오른쪽에는 세 개의 직선이 그려져 있었다.

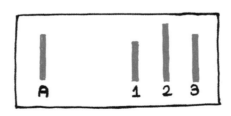

"1, 2, 3 중에서 직선 A와 길이가 같은 직선이 몇 번인지 고르면 돼. 주영이부터 시작해서 차례로 답을 말해 보자."

선생님 옆에 앉은 주영이가 말했다.

"3번이요."

주영이 옆에 앉은 종찬이도 말했다.

"3번이요."

종찬이 옆에 앉은 안나와 그 옆에 앉은 용이도 연이어 말했다.

"3번이요."

"3번이요."

마지막으로 용이 옆에 앉은 선아 차례가 되었다. 선아가 너무 쉽다는 듯 말했다.

"3번이요."

아이들이 모두 답을 말하자 선생님은 또 다른 종이를 들었다. 그 종이에도 직선이 그려져 있었지만 길이는 처음과 달랐다. 다시 주영이부터 차례로 답을 말하기 시작했다.

"1번이요."

이번에도 모두 같은 답을 말했다. 직선의 길이는 누가 봐도 명백했기에 틀린 답이 나올 수가 없었다. 그러기를 네다섯 번. 선생님이 문득 머리를 쓱쓱 매만졌다. 그것이 신호였다. 선아를 뺀 나머지 아이들은 선아 몰래 눈짓을 주고받았다. 선생님이 또 종이를 들었다.

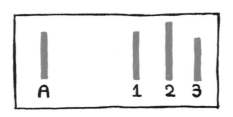

답은 1번이 분명했다. 그런데 주영이는 이렇게 말했다.

"2번이요."

선아가 주영이를 돌아보았다. 어떻게 이런 것도 못 맞히느냐는 표정이었다. 그런데 종찬이도 똑같이 말했다.

"2번이요."

연이어 안나와 용이도 2번이라고 말했다. 선아의 눈이 동그래졌다. 자신의 차례가 되었지만 선아는 지금까지와는 달리 망설이다가 겨우 답을 말했다.

"어…… 저…… 음…… 1번이요."

혼자 옳은 답을 말하면서 선아는 당황한 티를 내지 않으려고 애썼다. 그리고 다른 아이들은 그런 선아를 보며 웃음을 참으려고 애썼다. 실험은 계속되었다. 선생님이 새로운 종이를 들자 주영이를 시작으로 종찬이, 안나, 용이는 시치미 뚝 떼고 줄줄이 틀린 답을 말했다.

"3번이요."

다시 선아의 차례가 되었다. 선아는 아까보다도 더 놀란 기색이

역력했다. 나머지 아이들은 선아를 빤히 바라보았다. 그 시선을 느낀 선아의 얼굴이 빨개졌다. 선아는 우물쭈물하다가 겨우 입을 열었다.

"……3번이요."

덩달아 틀린 답을 말하는 선아의 모습이 안나는 우스우면서도 놀라웠다. 다른 사람들이 뭐라 하든 언제나 자신만만할 것만 같던 선아가 저런 행동을 보이다니 뜻밖이었다.

여섯 번 반복하는 동안 선아는 절반은 틀린 답을, 절반은 옳은 답을 말했다. 하지만 옳은 답을 말할 때도 곤혹스러워하기는 마찬가지였다. 선아는 나름 표정 관리를 하려 했지만 혼란스러운 기색은 어쩌지 못했다.

그때 선생님이 또 머리를 매만졌다. 그 신호에 따라 작은 변화가 생겼다. 이번에도 주영이, 종찬이, 안나는 차례로 "1번이요."라고 틀린 답을 말했다.

그런데 용이의 차례가 되자 용이는 옳은 답을 말했다.

"2번이요."

그러자 선아에게서 당황한 태도가 가시고 다시 자신감이 깃든 대답이 나왔다.

"2번이요!"

그때 선생님이 종이를 내려놓으며 말했다.

"자, 실험은 여기까지."

선아를 제외한 아이들은 참고 있던 웃음을 터뜨렸다. 그 반응에 선아만 홀로 어리둥절해했다.

"이건 1950년대에 솔로몬 애시가 한 심리 실험이야. 솔로몬 애시 기억하지? 전에 초두 효과에 대한 심리 실험을 했을 때 얘기한 그 심리학자 말이야. 솔로몬 애시는 이렇게 여러 사람을 앉혀 놓고 선의 길이를 알아맞게 했어. 이 심리 실험에서 핵심은 그중 딱 한 명만 빼고 나머지는 솔로몬 애시와 미리 짠 사람들이었다는 거지."

선생님의 설명을 듣고서야 선아는 모든 상황을 눈치챘다.

"그럼 이때까지 다들 날 놀린 거예요? 너무해! 어떻게 나만 빼고 이럴 수가 있어! 정말 기분 나빠요!"

"하하, 미안, 미안. 이 심리 실험을 하려면 어쩔 수 없었어. 한 사람만 제외하고 모두가 틀린 답을 말할 때 그 사람이 어떤 반응을 보이는지 알아봐야 하니까. 솔로몬 애시의 심리 실험에서도 그 한 사람은 자신의 생각과 다른 답을 말했지. 옳은 답을 뻔히 알고 있으면서도 다른 사람들의 틀린 답을 따른 셈이야. 자, 선아의 이야기를 들어 볼까? 김선아 양, 옆에서 틀린 답을 말할 때 어떤 기분이었습니까?"

선생님의 장난기 어린 말투에도 선아는 여전히 화가 난 듯 볼멘소리로 말했다.

"처음엔 이 선배들이 왜 갑자기 바보가 됐나 했어요. 도저히 틀릴 수 없는 문제잖아요. 그런데 자꾸 그러니까 저 자신이 의심스럽더라고요. 혼자 다른 답을 말하면 다들 절 이상한 애로 볼 것 같았어요. 눈이 나빠졌나 하는 생각도 들었다고요. 아휴, 억울해!"

"그런데 마지막에 용이가 옳은 답을 말했더니 어땠니?"

"안심이 됐어요. 저랑 똑같이 생각하는 사람이 있어서요."

선생님이 선아를 달래듯 자상한 목소리로 이야기했다.

"솔로몬 애시의 심리 실험에 참여한 사람도 그랬어. 만장일치가 깨지자 틀린 답을 말하는 확률이 확 줄어들었지. 우리에게는 집단의 의견에 따르려고 하는 심리가 있는데 그런 심리를 **동조**라고 해. 사람은 집단에 맞서 반대하기보다는 자신의 의견을 유보하거나 의심을 억누르곤 한단다. 나 한 사람의 의견보다 여러 사람의 의견이 옳을 가능성이 크다고 판단하기 때문이지. 방금 선아가 말한 대로 혼자 이상한 사람으로 찍힐까 봐 그러기도 하고."

"그런데 왜 하필 절 고르신 거예요? 저 혼자만 바보 됐잖아요."

"선아가 단단히 뿔이 났구나. 선생님이 선아를 택한 건 이 중에서 선아가 가장 어리기 때문이야. 선배들이 틀린 답을 말하면 더 큰 압력을 느낄 것 같았거든."

하지만 안나의 생각은 달랐다. 워낙 공부도 잘하고 자신감도 많은 선아는 선배가 다른 답을 말했다고 해서 의견을 바꿀 아이가 아니었다. 아마 4 대 1의 상황이 아니라 1 대 1의 상황이었다면 선아는 절대로 틀린 답을 말하지 않았을 것이다. 그런 선아조차 여러

명이 틀린 답을 말하자 자신의 생각을 꺾고야 말았다. 언제나 똑 부러지는 선아가 그러는 모습을 생생하게 보고 나니 안나는 동조의 힘이 얼마나 강한지 알 수 있었다.

선생님이 달래도 선아가 뾰로통한 표정을 풀지 않자 주영이와 용이가 나섰다.

"선아야, 넌 바보가 된 게 아니야. 내가 너랑 똑같은 상황에 있었다면 아마 난 처음부터 틀린 답을 말했을걸?"

"그래그래, 나도 동감. 나 같아도 그랬을 거다."

안나도 맞장구를 쳤다.

"나도야. 다른 사람들이 모두 틀렸을 거라고는 조금도 의심하지 않았을 텐데 말이야."

안나의 말은 단지 선아의 기분을 풀어 주기 위해 하는 빈말이 아니라 진심이었다. 안나는 선아의 자신감 있는 태도가 부러웠다. 비록 자신보다 어리지만 그런 점은 본받고 싶었다.

뜻밖에도 종찬이까지 거들었다.

"선아 넌 틀린 답만 말하지 않았잖아. 진짜 답도 말했잖아. 그거 정말 대단한 거야."

종찬이까지 나서고서야 선아는 기분이 나아진 듯했다. 선아는 다시 모범생다운 표정으로 안경을 추켜세우며 말했다.

"그러니까 이 심리 실험을 요약하자면, 그만큼 우리가 집단으로부터 큰 영향을 받는다는 뜻인 것 같아요. 그리고 한 사람이라도 다른 의견을 말하면 다른 사람들도 그걸 보고 용기를 내서 자기 의견을 말하게 되는 거예요. 맞죠?"

선아의 기분이 풀어지자 선생님도 안심한 듯 미소를 지었다.

"역시 선아가 잘 정리하네. 우리는 언제나 집단을 이루며 살지. 다른 표현으로 하자면 우리는 매일매일 사회 속에서 살아가는 거야. 물론 여러 사람과 뜻을 함께하는 것도 중요하지. 하지만 그렇다고 다른 사람들의 잘못된 행동까지 그대로 따라 하지는 말아야 해. 예를 들어서 왕따 같은 문제도 그래. 한 사람을 따돌리는 건 나쁜 행동이란 걸 알면서도 친구들이 다 그런다는 이유로 덩달아 동조해서는 안 되지."

종찬이가 평소보다 힘이 조금 들어간 목소리로 덧붙였다.

"우리나라는 집단주의 문화가 강한 사회잖아요. 그러니까 동조라는 심리 현상을 더욱 조심해야 할 것 같아요."

"그렇지. 물론 집단주의가 꼭 부정적인 건 아니야. 여럿이 힘을 합쳐서 어려움을 이길 수도 있으니까. 하지만 집단에 동조해서 잘못된 선택을 하거나, 집단이 잘못된 선택을 할 때 입 다물게 되는 위험도 있어. 그럴수록 나 한 사람이라도 옳은 선택을 하는 게 중요해. 아까 용이가 옳은 답을 말하니까 선아도 함께 옳은 답을 말했던 거 다들 봤지? 나 한 사람의 용기 때문에 다른 사람들의 선택이 달라질 수 있다는 점, 꼭 기억해 두기다."

아이들은 모두 잘 알겠다는 표정으로 고개를 끄덕였다. 안나는 자신이 꿈도 없이 무작정 공부만 하는 것도 사회가 청소년들에게 가하는 압력에 동조했기 때문은 아닌가 하는 생각이 들었다.

'아무 목적도 없이 성적에만 매달리지 말아야지. 내가 정말로 원하는 꿈을 찾아내야지.'

안나의 결심이 전해졌는지 선생님도 힘찬 목소리로 말했다.

"오늘은 이렇게 사회와 관련된 심리 실험들을 하게 될 거야. 우선 아까 제대로 못 한 인사부터 먼저 하자. 다시 모인 토요일의 심리 클럽, 반갑다! 너희가 보고 싶어서 내가 얼마나 애가 탔나 몰라요. 2학기에도 다 함께 가는 거다!"

내가 더 잘할 거야!

사회적 촉진

최이고 선생님의 의자 옆에는 선생님이 평소 들고 다니는 서류
가방 외에 웬 쇼핑백이 놓여 있었다. 그 쇼핑백의 정체는 이날의
두 번째 심리 실험을 앞두고 알 수 있었다. 그 안에서 나온 것은 운
동화였다. 선생님이 특별 미션으로 운동화를 준비하라고는 했지
만 선생님까지 운동화를 가져왔을 줄은 미처 몰랐다.

선생님이 구두에서 운동화로 갈아 신으며 말했다.

"이번 심리 실험은 운동장에서 할 거야. 모두 밖으로 나가자!"

아이들은 체육복으로 갈아입고 운동장에 모였다. 선생님은 운
동화를 신기는 했지만 옷차림은 그대로였다. 한 군데 흐트러짐 없
이 단정한 양복에 운동화라니. 조금 우스워 보였지만 선생님은 개

의치 않는 듯했다.

토요일의 심리 클럽이 교실 밖으로 나오기는 이번이 처음이었다. 아직 여름이 완전히 물러나지는 않았지만 선선한 공기가 가을이 왔음을 알려 주었다. 아이들은 괜스레 팔다리를 이리저리 움직이며 대체 무슨 심리 실험을 하게 될까 궁금해했다.

"자, 각자 운동장을 한 바퀴씩 돌아 보자. 한 명씩 따로따로 말이야. 내가 기록을 잴게."

선생님의 말이 끝나자마자 선아의 투정이 튀어나왔다.

"제가 제일 약한 과목이 체육인데! 선생님, 꼭 달려야 해요? 운동장 한 바퀴면 몇 미터더라? 300미터, 400미터? 하여튼 되게 길다고요."

"지금 우리는 체육 수업을 하는 게 아니라 심리 실험을 하는 거야. 부담 가지지 말고 그냥 너희가 할 수 있는 만큼 빨리 달려 봐. 누가 가장 먼저 달릴래?"

용이가 까불거리며 말했다.

"제가 할 수 있는 만큼만 빨리 달리면 되는 거죠? 그렇죠?"

"그래그래."

선생님이 고개를 끄덕이자 용이가 바로 튀어 나갔다. 그런데 용이는 평범한 달리기 자세가 아니라 온갖 댄스 동작을 취하며 운동장을 돌았다. 마치 무대에서 공연을 하는 사람 같았다. 그 모습을 보며 아이들은 깔깔 웃었다. 선생님도 용이의 장난이 밉지 않은 듯 빙그레 미소를 지었다. 운동장에 모여 있던 농구반, 배드민턴반 등 다른 계발 활동 부서 학생들도 어느새 용이를 바라보고 있었다. 주목하는 시선이 많아지자 더욱 신이 난 용이는 거의 묘기에 가까운 동작까지 해 보였다. 그럴 때마다 운동장 여기저기서 박수 소리가 들려왔다.

그렇게 한참 동안 운동장을 돌며 춤을 추던 용이가 마침내 제자리로 돌아왔다.

"와, 용이 너 진짜 춤 잘 춘다."

"용이 오빠 지금 바로 연예인 해도 될 것 같아."

쏟아지는 칭찬을 들으며 으쓱거리는 용이에게 선생님이 용이의 기록을 알려 주었다.

"3분 31초 67! 용이는 달리기를 하면 보통 이 정도 기록이 나오니?"

"헤헤, 그건 아니지만요…….'"

"곽용이! 심리 실험을 장난으로 생각하면 안 돼요, 흐흐. 용이는 심리 실험에 성실히 임하지 않은 벌칙으로 마지막에 한 번 더 뛰어라."

선생님의 눈빛은 사근사근했지만 어딘지 엄한 기운이 느껴졌다. 용이는 뒤통수를 긁적이며 히죽 웃었다.

"네, 알겠습니다!"

나머지 아이들이 차례로 운동장을 돌았다. 안나도 숨이 찰 정도로 열심히 뛰었다. 59초 71이라는 기록이 나왔다. 마지막으로 용이도 다시 뛰었다.

다섯 명의 아이들이 모두 운동장을 돌고 나자 선생님이 운동화 끈을 고쳐 맸다.

"선생님도 달리시려고요?"

아이들이 묻자 선생님은 씩 웃으며 대답했다.

"그럼 내가 괜히 운동화를 신었겠니? 내 기록 재는 거 잊지 마라."

아무리 운동화를 신었다고는 하지만 양복 차림에다 반짝반짝 까까머리인 선생님이 운동장을 달리자 이번에도 다른 학생들의 시선이 쏟아졌다. 용이의 춤을 보며 감탄하던 것과는 달리, 저 사람은 대체 누구인가 의아해하는 눈빛이었다. 선생님은 금세 숨이 차 보였지만 그래도 결국 한 바퀴를 다 돌았다.

휴대폰으로 선생님의 기록을 잰 주영이가 말했다.

"최이고 선생님은 1분 1초 02!"

"헉헉, 내가 심리학 공부를 너무 열심히 하느라, 헉헉, 운동에 소홀했나 보다. 한 십 년 전만 해도, 헉헉, 이 정도 거리는 설렁설렁 뛰어도 일 분을 넘기지 않았는데, 헉헉."

선생님은 잠시 숨을 돌리고 나서 말했다.

"자, 각자 운동장을 돌았으니 이번에는 여럿이서 돌아 보는 거다. 올림픽에서도 여자와 남자는 따로 경기하니까 우리도 그렇게 하자. 물론 지금 이건 시합이 아니지만 말이야. 나까지 포함하면 남자 셋, 여자 셋이네. 남자들이 뛸 땐 여자들이 기록을 재고, 여자들이 뛸 땐 남자들이 기록을 재는 거다. 용아, 종찬아, 선생님이랑 같이 달려 볼까?"

"네!"

용이와 종찬이는 선생님 옆으로 가서 나란히 출발선에 섰다. 주영이가 "출발!" 하고 외치자 세 남자가 일제히 달리기 시작했다. 종찬이와 용이가 앞서거니 뒤서거니 하다가 거의 동시에 출발선으로 돌아왔다. 선생님은 한참 뒤처져서 꼴찌였다.

용이는 곧장 여자아이들에게 가서 물었다.

"누가 1등이야? 종찬이 형이야, 나야?"

"그게…… 넌 55초 88이고……."

"빨리 확인해 봐! 내가 1등이었다고!"

용이는 자신의 기록이 종찬이보다 0.1초 빠른 것을 보고 환호성을 질렀다. 종찬이는 그런 용이를 보며 슬며시 웃을 뿐, 그저 조용히 숨을 고르고 있었다. 안나는 호들갑스러운 용이와 대조되는 종찬이의 태도가 참 의젓하고 멋있어 보였다.

이어서 여자아이들의 차례였다. 안나, 주영이, 선아는 선생님의 신호에 맞춰 앞으로 달려 나갔다. 선아는 슬금슬금 뒤로 처지고 안나와 주영이가 엇비슷하게 달렸다. 안나는 이를 악물고 뛰었다. 하지만 키 큰 주영이에게는 역부족이었다. 결국 차이가 점점 벌어져 안나는 주영이보다 몇 초 늦게 도착했다.

용이가 주영이에게 다가가 외쳤다.

"주영이 누나는 54초 62야! 나보다도 빨랐어. 누나가 전체 1등이다!"

"하하, 내가 좀 잘 달리긴 하지."

용이와 주영이는 짝 소리가 나도록 손뼉을 맞부딪쳤다.

선생님은 아이들을 나무 그늘로 데려갔다. 아이들은 그늘 아래 털썩 주저앉아 땀을 식혔다.

"역시 내가 예상한 결과가 나왔어. 이 최이고가 틀릴 리 없지, 어험! 각자 첫 번째 기록과 두 번째 기록을 비교해 봐라. 어느 쪽이 더 빠르니?"

안나의 첫 번째 기록은 59초 71, 두 번째 기록은 57초 12. 두 번째 달릴 때 더 빨랐던 셈이었다. 다른 아이들과 선생님도 안나와 마찬가지로 두 번째 기록이 조금씩 더 빨랐다.

"다들 두 번째 기록이 더 나아졌구나. 왜 이런 차이가 생겼을까?"

용이가 대뜸 대답했다.

"더 열심히 달려서요!"

"그것도 틀린 답은 아니지. 그래도 조금만 더 생각해 보자. 왜 더 열심히 달렸을까?"

이번에는 주영이가 대답했다.

"셋이 같이 달려서 그런 걸까요?"

"그래, 주영이의 생각이 답인 것 같구나. 1898년에 노먼 트리플렛Norman Triplett이라는 심리학자가 자전거 경주 선수들이 혼자서 달릴 때보다 다른 선수들과 함께 달릴 때 기록이 오른다는 사실을 발견했어. 그래서 이런 심리 실험을 했지. 아이들을 모아 놓고 낚싯줄을 최대한 빨리 감아 보라고 했는데 어떤 아이는 혼자 감게 하고 또 어떤 아이는 여럿이 모여서 감게 한 거야. 감는 속도를 비교해 보니까 역시나 옆에서 다른 아이들이 함께했을 때의 기록이 더 높았어."

그때 선아가 끼어들었다.

"그럼 저희도 낚싯줄을 감으면 되는 거였잖아요. 굳이 운동장까지 나오지 않고요."

용이가 선생님 대신 나섰다.

"날씨가 이렇게 좋은데 교실 안에만 있기 억울하잖아. 덕분에 내 멋진 춤까지 덤으로 보게 됐으니 고맙게 생각해, 히히."

안나는 조금 전 운동장을 돌던 상황을 떠올려 보았다. 첫 번째나 두 번째나 나름 빨리 뛴다고 뛰었지만 확실히 두 번째에 주영이, 선아와 함께 달리게 되자 좀 더 신경이 쓰였다. 이건 체육 실기 시험이나 운동회 시합이 아니라는 사실을 알면서도, 자기도 모르게 둘을 이기고 싶다는 생각이 들었다.

선생님의 설명이 계속되었다.

"여럿이 모이면 자연스럽게 경쟁심이 생기게 돼. 이렇게 경쟁 때문에 일이 더욱 잘되는 현상을 심리학에서는 **사회적 촉진**이라고 한단다. 사회는 여러 사람이 모여 있는 곳이니까 사회적 촉진이 자주 일어나지. 너희가 경험한 사회적 촉진으로는 어떤 게 있을까?"

용이가 기다렸다는 듯 대답했다.

"저는 춤 좀 춘다 하는 친구들이랑 모여서 연습해요. 그래야 실력이 빨리 늘더라고요."

안나는 잠시 생각에 잠겼다. 안나가 학생으로서 하는 모든 것, 그러니까 학교에 다니고 공부를 하고 시험을 치르는 것들이 전부 사회적 촉진을 바탕으로 하는 것 같았다. 생각이 완전히 정리되지는 않았지만 그래도 안나는 말을 꺼냈다.

"저는 매일매일 사회적 촉진을 경험하는 것 같아요. 특히 학교에서요. 음, 그러니까……."

안나는 잠시 말이 막혔지만 선생님의 부드러운 눈길에 용기를 얻어 다시 말했다.

"어른들이 우리한테 시험을 보게 하고 등수를 매기는 건 경쟁을 통해서 더 열심히 공부하게 하려는 의도 아닐까요? 자기가 몇 등인지 알면 자연스럽게 다른 애들이랑 경쟁을 하게 되잖아요."

공부와 관련된 이야기가 나왔는데도 웬일인지 조용히 있던 선아가 마침내 입을 열었다.

"경쟁이 너무 심하면 스트레스를 받아서 오히려 공부가 안 되기도 해요."

선아는 잠시 머뭇거리다가 다시 말을 이었다.

"자주는 아니고요, 가끔…… 그래요. 전교 1등을 해도 불안하고……. 좋은 대학 가려면 너무 경쟁이 심해서 한순간도 마음을 놓을 수가 없잖아요."

자타 공인 우등생 선아가 이런 이야기를 하다니. 안나는 선아가 갑자기 더욱 가깝게 느껴졌다.

'마냥 자신만만한 줄 알았더니 선아도 나처럼 공부 때문에 고민하기도 하는구나.'

선생님이 진심이 묻어나는 말투로 말했다.

"경쟁 자체에 연연하기보다는 경쟁을 내가 더 발전하기 위한 수단으로 여기면 어떨까? 그러면 경쟁 자체를 조금은 즐길 수 있지 않을까? 물론 그렇다 해도 학교가 지나칠 정도로 경쟁을 강조하는 건 비교육적이긴 해. 이 문제는 온 사회가 나서야 한다고 봐. 선생님이 어른으로서 선아에게, 아니 너희 모두에게 미안하다. 이렇게 심한 경쟁으로 몰아넣어서 말이야."

"뭐, 선생님이 사과하실 것까진 없죠. 전 그냥 가끔 부담 된다는 말이었어요. 어쨌든 전 잘하고 있다고요."

선아는 뻐기듯 말했지만 안나는 그래도 선아가 선생님의 말에 조금은 위로받았다는 것을 느낄 수 있었다.

이번에는 종찬이가 말했다.

"경쟁 자체가 잘못된 경우도 있잖아요. 우리 사회에 불공정한 경쟁이 너무 많은 것도 문제인 것 같아요."

선생님이 고개를 끄덕였다.

"맞아, 맞아. 종찬이가 중요한 얘기를 했어. 사회적 촉진은 경쟁의 좋은 기능이지. 하지만 불공정한 경쟁은 사회적 촉진을 일으키지 못해. 쉽게 생각하면 이런 거야. 오늘 우리가 운동장을 돌 때 모두 같은 선에서 출발했지? 하지만 현실에서는 어떠니? 누구는 앞에서 출발하기도 하고 누구는 뒤에서 출발하기도 하잖아? 그러면 뛰기를 아예 포기하는 사람들도 생길 거야."

안나도 종찬이의 지적과 선생님의 설명이 무엇을 의미하는지 이해되었다. 부자는 아니지만 그래도 큰 경제적 어려움은 없는 부모님 덕분에 안나는 별 탈 없이 학교를 다니고 학원까지 갈 수 있었다. 하지만 다른 상황에 처해 있는 아이들도 많다. 집안 형편 때문에 아르바이트를 해야 하는 아이도 있고, 장애가 있어서 제대로 학교 수업을 받지 못하는 아이도 있다.

그런 현실에 마음이 답답해진 안나는 선생님에게 질문을 했다.

"그럼 경쟁의 나쁜 점을 피하려면 어떡해야 해요?"

"물론 각자 노력하는 것도 필요하지만 이 문제도 마찬가지로 사회가 힘을 모아 해결해야지. 경쟁의 규칙이 모두에게 공정해야 하고 경쟁에서 밀려난 사람에게도 다른 기회가 주어져야 할 거야. 바로 그래서 사회가 중요한 거란다. 오늘 우리가 사회에 대한 심리 실험을 하는 것도 그 때문이야."

아이들은 말없이 고개를 끄덕였다. 분위기가 조금 심각해진 것을 느꼈는지 용이가 벌떡 일어나 말했다.

"운동장을 세 번이나 돌았더니 힘들어서 쓰러지겠네. 선생님, 음료수 사 주세요!"

"하하, 당연한 말씀. 모두 매점으로 출발!"

아이들은 와! 하고 매점을 향해 달리기 시작했다. 이 순간은 경쟁심 대신 즐거운 기대감만 마음속을 채우고 있었다.

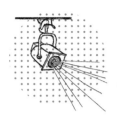

이 세상의 주인공은 나?

조명 효과

안나는 매점 유리창에 얼굴을 비추어 보았다. 아침에 뻗쳐 있던 머리가 가라앉지 않고 여전했다. 이 모습을 다른 아이들과 선생님은 물론이고 종찬이까지 보았을 거라고 생각하니 속이 상했다.

'오늘만큼은 종찬 선배랑 눈이 마주치지 않게 조심해야겠어.'

토요일의 심리 클럽 아이들과 선생님은 매점 앞 벤치에 앉아 음료수를 마셨다. 여름 방학을 어떻게 보냈는지 이야기꽃이 피었다. 용이는 친구들과 내년에 있을 댄스 공연 연습에 매진했다고 했다. 주영이는 보름 동안 제주도 올레길을 돌았다고 했다. 종찬이는 시민 단체에서 청소년들을 대상으로 연 인문학 수업을 들었다고 했다. 선아는 이날 교실에 들어서며 이미 말했듯이 다양한 여름 캠프를 다녔다고 했다. 그리고 최이고 선생님은 오스트리아 빈에 있는 프로이트 박물관에 가 보았다고 했다.

용이가 공연을 준비한다는 사실이야 이미 알고 있었지만 다른 사람들의 이야기까지 듣고 나니 안나는 어쩐지 기가 죽었다. 나름 여름 방학을 알차게 보냈다고 생각했는데 이제는 자기만 심심하게 보낸 것 같아 이야기를 꺼내기가 민망했다.

조용히 음료수만 홀짝거리고 있는 안나에게 주영이가 물었다.

"안나야, 넌 방학 때 뭐 했니? 어디 갔다 왔니?"

"아니, 그냥…… 집에서 책도 읽고……."

그러자 뜻밖에도 종찬이가 관심을 보였다.

"책? 무슨 책 읽었어?"

화들짝 놀란 안나는 뻗친 머리가 종찬이에게 보이지 않도록 고개를 돌리며 얼버무렸다.

"소설도 읽고…… 다른 책도 읽고…… 그랬어요."

안나는 종찬이가 또 질문을 건넬까 봐 조마조마했다. 그런 안나를 구해 준 사람은 선생님이었다.

"자, 이제 그만 안으로 들어가자. 심리 실험을 계속해야지."

아이들은 벤치에서 일어나 교실로 향했다. 맑은 가을 날씨를 즐기는 것도 좋았지만 또 다른 심리 실험에 대한 기대가 더 컸다.

안나가 교실에 들어가 앉고 보니 주영이, 종찬이, 선아는 와 있는데 용이와 선생님이 보이지 않았다. 아마도 화장실에 갔으려니 싶었다. 그사이 주영이는 올레길이 얼마나 환상적이었는지 다시 이야기보따리를 풀었고 나머지 세 아이는 주영이의 여행담에 푹 빠져들었다.

잠시 후 용이가 안으로 들어왔다. 주영이가 제주도 이야기를 멈추고 용이에게 물었다.

"용아, 네가 연습하고 있는 공연이 어디서 하는 거랬지?"

"저기…… 건너편에 있는 청소년 회관."

용이의 태도는 평소와 조금 달랐다. 춤과 관련된 질문을 받으면 청산유수로 말을 쏟아 내던 용이가 지금은 시선을 피하며 우물거렸다. 하지만 안나는 그다지 대수롭지 않게 여겼다.

'아까 장난치다가 운동장 한 바퀴 더 돌았다고 진짜로 피곤한가 보네.'

그런데 이야기를 하는 둥 마는 둥 하던 용이가 갑자기 자리에서 일어나 잰걸음으로 교실을 나갔다. 아이들은 잠시 어리둥절했지만 그것도 몇 초뿐, 다시 수다가 계속되었다. 화제는 선아에게 옮겨 갔다.

"영어 캠프랑 리더십 캠프는 할 만했는데 과학 캠프는 내 수준에 비해서는 좀 떨어지더라고. 과학 캠프를 탓할 수는 없지. 내가 평소에 과학책을 워낙 많이 보긴 하니까."

깔때기라도 꽂아 놓은 양 선아의 이야기는 결국 또 자기 자랑으로 모아졌다. 그래도 선아가 밉지 않은 걸 보면 이제는 꽤 정이 든 모양이다.

그때 용이와 선생님이 함께 들어왔다. 용이는 자리에 앉지 않고 아이들 앞에 서서 무언가를 펼쳤다.

"짠!"

용이가 손에 든 것은 티셔츠였다. 그런데 그 티셔츠에는 나이 지긋한 어른들이 좋아하는 트로트 가수의 얼굴이 그려져 있었다. 패션도 춤의 일부라며 옷차림에 꽤나 신경 쓰는 용이가 왜 저런 티셔츠를 들고 있는지 도무지 이해가 되지 않았다.

"이거 입고 싶은 사람?"

용이의 물음에 아이들은 너 나 할 것 없이 모두 고개를 절레절레 저었다.

안나는 보다 못해 용이에게 핀잔을 주었다.

"용아, 너 갑자기 왜 그래? 너라면 그런 거 입겠니?"

날 못 보다니 섭섭한걸.

그러자 용이가 웃음을 터뜨리며 말했다.

"푸핫, 안나 너도 몰랐구나! 나 방금 전에 이 옷 입고 있었잖아!"

"뭐? 그게 무슨 황당한 소리야?"

"진짜야! 아유, 쪽팔린 걸 꾹 참느라 혼났네!"

용이의 말에 나머지 아이들은 황당해하며 벙한 표정을 지었다.

선생님이 용이만큼이나 킬킬거리며 나섰다.

"이건 내가 용이에게만 준 특별 미션이었어. 내가 준비한 티셔츠로 갈아입고서 잠시 동안 교실에 들어갔다가 나오는 게 용이의 임무였지."

"거부하고 싶었지만 저 아니면 아무도 못 할 것 같아서 희생정신으로 했어요, 히히. 그런데 선생님 말씀대로 진짜 아무도 모르더라고요."

그러더니 이번에는 용이가 안나에게 핀잔을 주었다.

"야, 박안나, 너까지 몰랐던 거냐? 제일 친한 친구 맞아?"

안나는 무안해졌다. 용이가 그런 이상한 티셔츠를 입고 있을 때 왜 몰라보았는지 스스로도 잘 이해가 되지 않았다. 안나는 민망한 마음을 감추기 위해 덩달아 목소리를 높였다.

"그런 용이 너는 오늘 내 머리 이상한 거 알고 있었니?"

"네 머리가 왜? 어디가 이상한데?"

"제일 친한 친구라면서 몰랐단 말이야? 여기 봐, 여기. 머리카락이 뻗쳐 있잖아."

안나는 말을 꺼내고서야 아차 싶었다. 용이의 핀잔에 발끈했다가 뻗친 머리를 모두에게 공개해 버린 것이다. 아이들과 선생님의 시선이 일제히 안나의 머리로 향했다. 안나는 입이 원망스러웠다. 특히 종찬이까지 보고 있으니 어디 쥐구멍에라도 들어가고 싶은 심정이었다.

그런데 아이들이 안나의 머리를 보며 던진 한마디는 예상 밖의 것이었다.

"머리가 뻗쳤다고? 봐도 잘 모르겠는걸?"

"좀 뻗친 것 같기도 하고, 안 뻗친 것 같기도 하고……."

"거의 티 안 나는데?"

그때 조용히 있던 종찬이가 말했다.

"난 얼굴에 흉터가 있는데. 이것도 아무도 못 봤나?"

안나는 종찬이의 얼굴을 자세히 들여다보았다. 얼굴 여기저기를 뜯어보고서야 종찬이의 턱 한쪽에 새끼손가락 길이만큼 기다랗게 나 있는 흉터가 눈에 들어왔다. 종찬이가 먼저 말을 꺼내지 않았다면 계속 알아채지 못했을 터였다.

"정말 선배 얼굴에 흉터가 있네요. 아까만 해도 몰랐는데."

"꽤 크지? 근데 내가 말하지 않으면 사람들이 못 알아채더라고."

이 모습을 지켜보던 선생님이 하하 웃으며 입을 열었다.

"굳이 용이한테 특별 미션을 주지 않았어도 오늘 심리 실험을 충분히 할 수 있었겠는걸? 너희가 방금 경험한 건 **조명 효과**라는 심리 현상이야. 음악 프로그램을 보면 무대에 오른 가수한테 조명이 집중되지? 자신이 그런 스타처럼 주위 사람들의 주목을 받고 있다고 착각하는 게 바로 조명 효과지."

용이가 끼어들어 자신만의 특별 미션을 설명했다.

"선생님이 이상한 티셔츠를 주면서 그러시더라고. 이걸 입고 교실에 들어가 있어도 다른 애들이 잘 눈치채지 못할 거라고 말이야. 처음에는 안 믿었지. 저 센스 없는 티셔츠는 나랑 너무 안 어울리니까 모두 대뜸 알아볼 줄 알았어. 그런데 선생님 말씀이 정말이더라고! 다들 몰라봤잖아. 특히 안나 너! 헤헤헤."

선생님이 조명 효과 이야기를 계속했다.

"이건 또 무슨 심리 실험인가 궁금하지? 코넬 대학교에 토머스 길로비치라는 심리학 교수가 있는데 이 사람이 2000년에 이런 실험을 했어. 어떤 학생에게 수십 년 전 인기 있었던 가수의 얼굴이 새겨진 촌스러운 티셔츠를 입고서 실험실에 들어갔다 나오게 했지. 그 학생은 실험실에 있던 사람들 중 절반은 그 티셔츠를 알아

토머스 길로비치 Thomas D. Gilovich, 1954~
미국의 심리학자. 현재 코넬 대학교 심리학 교수다. 의사 결정 과정을 주로 연구해 왔으며, 실제 인간의 심리를 경제학에 적용한 행동경제학의 선구자 중 한 사람이다. 유명 가수의 얼굴이 그려진 티셔츠를 이용한 실험을 통해 조명 효과를 증명했다.

챌 거라고 예측했는데 실제로 알아챈 사람 수를 세 보니까 고작 20퍼센트 정도였어. 말하자면, 나 스스로가 생각하는 것보다 남들은 나에게 관심이 없다는 거지."

조명 효과에 대해서 알고 나니 안나는 한쪽 머리가 뻗쳤다는 사실이 더는 민망하지 않았다. 대신 이제는 남들이 알아채지도 못할 정도로 사소한 머리 모양 때문에 아침부터 지금까지 신경이 곤두서 있었다는 사실이 민망했다.

'휴, 아까 음료수 마시다가 종찬 선배가 말을 걸었을 때도 그냥 친절하게 대하면 좋았을걸. 괜히 머리 신경 쓰느라 얼굴을 돌렸네. 이 바보, 멍청이!'

선생님이 이야기를 마치자 종찬이가 말했다.

"사람들이 너무 남의 눈을 의식하면서 사는 것 같아요. 피곤하게. 아, 그렇다고 저만 조명 효과에서 예외라는 뜻은 아니고요. 저도 가끔 그러긴 해요."

언제나 다른 사람들의 존재에 무심한 듯 보이는 종찬이조차 때로 조명 효과를 경험한다는 말은 무척 의외였다. 조금 전 자기 흉터를 보여 줄 때도 종찬이의 몸짓에는 특유의 덤덤함이 배어 있었기 때문이다. 그래도 종찬이의 말에 안나는 기분이 좀 나아졌다.

선생님이 다시 말했다.

"사회 속에서 살아가다 보면 타인의 시선을 의식하는 게 자연스러운 일이지. 하지만 남들이 나를 어떻게 바라볼까 너무 전전긍긍

할 필요는 없어. 그건 종찬이 말대로 참 피곤한 일이거든."

용이가 방금 전과는 달리 사뭇 진지한 태도로 말했다.

"전 실제로 무대에서 조명을 받는 사람이 되고 싶은데 큰일이네요. 저마다 조명 효과에 빠져 있는 사람들의 관심을 끌려면 얼마나 힘들겠어요?"

"그래도 용이는 끼가 넘치잖아. 계속 노력하다 보면 언젠가는 진짜 조명이 용이한테 쏟아지게 될 거야. 아까 운동장에서도 사람들이 다 용이만 쳐다보던걸?"

문득 주영이가 손을 들고 질문했다.

"선생님, 근데 저 티셔츠는 어디서 사셨어요? 그 트로트 가수가 그려진 옷은 처음 봐요."

"내가 가장 기다리던 질문이 나왔네. 저 티셔츠는 말이다, 흐흐…… 내가 직접 만들었지!"

우쭐해하는 선생님의 말에 아이들은 모두 놀랐다.

"에, 진짜요?"

"선생님이 티셔츠를 만들 줄 아신다고요?"

"하하, 그렇다니까. 이건 이 심리 실험을 위해서 내가 특별히 만든 티셔츠야. 어떠냐, 이 최이고의 감동적인 솜씨가!"

선생님이 직접 만들었다는 사실을 알고 나니 그 티셔츠가 다르게 느껴졌다. 어딘지 멋스러워 보이기까지 했다.

선생님이 갑자기 생각난 듯 다른 이야기를 꺼냈다.

"참, 2학기 일정을 보니까 11월에는 계발 활동 시간에 심란 문화제란 걸 하더라? 내가 심란 중학교에 다닐 때는 이런 게 없었는데."

3학년답게 주영이가 설명했다.

"한마디로 학교 축제예요. 해마다 한 번씩 하는데, 자기 부서에서 만든 걸 전시하기도 하고 다른 부서에서 발표하는 걸 구경하기도 해요. 근데 모든 부서가 참여해야 하는 건 아니에요. 신청하는 부서만 참여해요."

"너희는 어떻게 생각하니? 우리 토요일의 심리 클럽도 참여했으면 좋겠니?"

선생님의 말이 끝나자마자 주영이가 한 옥타브 올라간 목소리로 말했다.

"꼭 해요! 꼭 해요! 재밌을 것 같아요."

선아가 기대에 찬 표정으로 말했다.

"초등학교 때는 운동회밖에 없었는데 중학교는 그런 것도 하네요. 공부 시간 뺏기는 건 좀 그렇지만…… 그래도 괜찮은 경험일 것 같긴 해요."

선아가 공부가 아닌 것에 저렇게 관심을 보이다니 의외였다. 안나도 심란 문화제가 기대되었다. 작년에 영어 노래반도 심란 문화제에 참여했지만 팝송의 가사를 커다란 종이에 적어 시화전처럼 전시한 것이 고작이었다. 다른 학생들의 관심을 끌지도 못했다. 하지만 이번에 토요일의 심리 클럽은 다를 것 같았다. 안나가 말했다.

"저도 찬성이에요. 어떤 식으로 하면 될지는 아직 잘 모르겠지만요."

용이와 종찬이도 같은 의견이었다. 아이들의 반응에 선생님은 손뼉을 치며 좋아했다.

"나는 너희가 이렇게 적극적으로 나올 거라고 믿었어. 암, 그래야 토요일의 심리 클럽답지. 그럼 다음 시간에는 심란 문화제를 어떻게 준비할지 의논해 보자. 물론 심리 실험도 하고 말이지."

안나는 학교 도서관에 가야 한다는 핑계로 용이를 먼저 보내고 운동장 한구석에서 서성였다. 선생님의 오토바이가 숨겨져 있는 풀숲 근처였다. 안나는 선생님에게 건넬 질문을 곱씹으며 다짐했다.

'꼭 여쭤 봐야지. 선생님이랑 종찬 선배랑 그 여자랑 무슨 사이인지 알아낼 거야.'

잠시 후 저쪽에서 선생님이 나타났다. 선생님은 안나를 알아보고 활짝 웃었다.

"안나구나. 혹시 나 기다리고 있었던 거야? 설마 오토바이 타고 싶어서……."

"선생님!"

안나는 선생님의 말을 끊고 호기롭게 외쳤지만 정작 질문이 입밖으로 나오지 않았다. 종찬이의 어두운 비밀을 알게 될지도 모른다는 두려움 때문이었다. 그런 안나의 마음도 모르고 선생님은 빙 긋이 웃으며 안나를 바라보았다.

"안나 너, 이 선생님한테 하고 싶은 말 있구나?"

"아…… 아니……. 네…… 아, 아니에요."

안나가 얼굴이 벌게진 채 돌아서려는데 선생님이 말했다.

"안나야, 선생님 휴대폰 번호 알지?"

"네. 왜요?"

"내가 필요하면 언제든 전화하라고. 곧바로 출동할 테니까."

선생님은 안나를 향해 웃으며 손을 흔들었다. 안나는 말없이 고개를 끄덕이고는 운동장을 가로질러 갔다. 차마 못 한 질문이 입속에서 내내 맴돌았다.

말 잘 듣는 학생이 되지 말자?

권위에 대한 복종

단풍나무와 은행나무가 빨갛고 노랗게 옷을 갈아입었다. 심란 문화제가 다음 달로 성큼 다가왔다는 뜻이었다. 안나는 의욕이 팍 팍 샘솟았다. 구체적인 아이디어는 아직 샘솟지 않았지만.

'그동안 우리가 얼마나 재미있는 활동을 했는지 아주 제대로 보 여 줘야지!'

토요일의 심리 클럽이 심란 문화제를 준비하기로 약속한 날. 안나가 의지를 불태우며 외출 준비를 하는데 엄마가 방으로 들어 왔다.

"안나야, 오늘 토요일이니까 일찍 오지? 엄마랑 요 앞에 새로 생 긴 영어 학원에 가 보자."

"학원을 더 다니라고?"

"너 영어가 계속 문제잖아. 점수 좀 올랐다고 안심하면 안 돼."

"하여튼 오늘은 일찍 못 와. 학교 축제 준비해야 된단 말이야."

"안 그래도 성적 안 나오는 애가 무슨 축제 준비야? 그건 적당히 하고 오늘 집에 일찍 와."

그 순간, 안나의 마음 한편에 차곡차곡 쌓여 있던 섭섭함이 확 터져 나왔다.

"엄마! 왜 이렇게 날 들들 볶아? 내 속도 하나도 모르면서!"

"얘가 왜 이래? 엄마가 너 잘되라고 기껏 학원 알아봤더니. 그래서 지금 싫다는 거야?"

"그래, 싫어! 다 싫어!"

모녀 사이에 목소리가 높아지자 신문을 보던 아빠도 나섰다.

"안나 너, 엄마한테 지금 무슨 짓이야? 왜 소리 지르고 그래?"

"아빠도 똑같아. 엄마 아빠 다 미워 죽겠어!"

안나가 부모님에게 짜증을 내는 일은 자주 있어도 이렇게까지 큰 소리로 화를 내는 것은 처음이었다. 뜻밖의 딸의 모습에 엄마 아빠는 황당해하며 말을 잇지 못했다. 안나는 현관문을 나서며 다짐하듯 외쳤다.

"나 집에 안 들어올 거야! 나 찾지 마!"

용이가 안나의 옆구리를 콕콕 찌르며 속닥였다.

"박안나, 표정이 왜 그래? 무슨 일 있었어? 아니면 어디 아파?"

"내 표정이 어때서. 얘는 괜히 그래."

안나는 억지로 씩 웃어 보였다. 어떤 고민이든 들어 주는 용이지만 어쩐지 이날은 털어놓고 싶지 않았다. 용이는 더 캐묻고 싶은 눈치였지만 마침 최이고 선생님이 들어왔다.

"여기 오는 길에 교무실에 가서 심란 문화제에 참가 신청을 했어. 신청서를 보니까 벌써 다른 계발 활동 부서들도 여럿 적혀 있더라고."

아이들은 다른 부서의 친구들에게서 들은 이야기들을 전했다.

"자연 관찰반은 교내 식물 전시회를 한대요."

"포크 댄스반은 운동장에서 포크 댄스 공연을 할 거라고 하더라고요."

"종이접기반은 종이로 동물 만드는 법을 즉석에서 가르쳐 준대요. 재밌을 것 같아요."

다른 부서들의 계획을 알고 나니 안나는 조금 초조해졌다. 토요일의 심리 클럽도 준비를 서둘러야 할 것 같았다.

그런데 선생님은 무슨 생각인지 이렇게 말했다.

"우리가 심란 문화제를 어떻게 준비해야 할까 나도 고민 많이 했어. 고민하느라 머리털 다 빠진 거 봐라, 하하. 그러니까 우선은 말이야, 용이의 춤을 한번 봤으면 좋겠어. 용아, 마침 내년에 공연하게 된다고 했지? 미리 좀 보여 줄 수 있겠니?"

"그럼요!"

용이는 자신의 춤이 심란 문화제와 무슨 관련이 있는지 묻지도 않고 냉큼 자리에서 튀어 나갔다. 춤을 추라고 하면 언제나 망설이지 않고 넙죽 받아들이는 용이였다. 용이는 휴대폰을 이용해 음악까지 틀어 놓고 춤을 추기 시작했다. 아이들도 선생님도 박수를 치며 환호했다. 음악이 끝나자 용이는 진짜 무대에 선 양 이곳저곳을 향해 허리를 꾸벅 숙였다.

용이가 자리에 앉자 선생님이 종찬이를 향해 말했다.

"이번에는 종찬이 차례야. 종찬아, 춤 한번 춰 보자, 응?"

"네? 제가요? 춤이요?"

종찬이가 머뭇거리자 선생님이 종찬이의 팔을 잡아끌었다.

"이게 다 심란 문화제 준비를 위해서 필요한 거야. 자, 자, 어서."

종찬이는 당황한 표정을 지으면서도 쭈뼛쭈뼛 일어났다. 용이가 잽싸게 음악을 틀었다. 음악이 흘러나오자 종찬이가 조금씩 조금씩 몸을 움직였다. 팔다리가 영 뻣뻣한 모습이 우스꽝스러웠다. 점잖던 종찬이가 벌게진 얼굴로 춤을 추느라 애쓰는 광경에 아이들은 웃음을 참느라 킥킥거렸다. 그래도 종찬이는 중간에 멈추지 않고 음악이 끝날 때까지 춤을 추었다.

선생님이 이번에는 안나를 돌아보았다. 안나는 선생님이 무슨 말을 할까 긴장이 되었다.

"안나는…… 춤 말고 노래가 좋겠다! 노래 한번 불러 볼까?"

"네? 노래요? 어떤 노래요?"

"안나 네가 자신 있는 노래를 부르면 되지."

안나는 노래를 부를 기분이 영 아니었지만 그렇다고 선생님에게 대놓고 싫다고 하면 안 될 것 같았다. 춤추는 것보다는 노래하는 편이 나으니 그나마 다행이었다. 안나는 좋아하는 아이돌 가수의 발라드 곡을 불렀다. 종찬이가 신경 쓰이기는 했지만 그래도 별 무리 없이 부를 수 있었다.

다음으로 선생님의 시선이 향한 아이는 주영이였다.

"주영이는 국민 체조를 해 봐라."

"국민 체조……요?"

"그래, 체육 시간마다 하는 그 국민 체조 말이야."

주영이는 씩씩하게 걸어 나가 국민 체조를 했다. 진짜로 체육 수업을 하는 듯 진지했다.

주영이 다음에는 선아였다.

"선아는 토끼뜀을 열 번 뛰어라."

선아는 눈을 동그랗게 떴다.

"꼭…… 뛰어야 해요?"

선생님이 고개를 끄덕였다. 선아는 무어라 꿍얼거리기는 했지만 더 묻지 않고 토끼뜀을 뛰었다.

아이들 모두가 선생님의 지시를 따르고 나자 선생님의 얼굴에 짓궂은 미소가 피었다.

"이제 고백해야겠네. 사실 내가 너희한테 시킨 것들은…… 심란 문화제 준비하고는 요만큼도 상관이 없는 거야. 속았지? 하하하."

그때까지 춤추고 노래하고 국민 체조에 토끼뜀 뛰기까지 한 아이들은 할 말을 잃었다. 교실 안에는 잠시 정적이 흘렀다. 그러다 여기저기서 원망의 말들이 튀어나왔다.

"선생님, 정말 너무해요!"

"저희를 바보로 만들었잖아요!"

용이는 발을 쿵쿵 구르기까지 했다.

"으아, 또 속았다! 난 또 심란 문화제 때 내 춤을 선보이게 되려나 했더니!"

안나가 종찬이를 슬쩍 돌아보니 종찬이는 얼굴을 붉히며 가만히 한숨만 내쉴 뿐이었다.

주영이가 어깨를 으쓱하며 말했다.

"선생님, 이제 설명해 주셔야죠. 이게 무슨 심리 실험인지."

"하하, 이젠 말 안 해도 척척 아네. 그래, 방금 한 건 심리 실험이 맞아."

선아가 미간에 주름을 잡은 채 물었다.

"무슨 심리 실험이 이래요? 왜 엉뚱한 일들을 시키신 거냐고요."

"그건 내가 묻고 싶은데. 너희는 그 엉뚱한 일들을 대체 왜 한 거니?"

적반하장 격인 선생님의 질문에 선아의 목소리가 한 톤 올라갔다.

"그야 선생님이 하라고 하시니까 한 거잖아요! 제가 뭐 좋아서 토끼뜀 뛰었나요?"

다른 아이들도 선아와 마찬가지로 선생님의 태도가 도무지 이해가 되지 않았다. 안나는 기분도 안 좋은데 열심히 노래를 부른 것이 억울하기까지 했다.

"이 심리 실험을 설명하려면 좀 길어. 역사 속 사건부터 들여다 봐야 하거든."

아이들은 갑자기 웬 역사 이야기인가 하면서도 귀를 쫑긋 세우고 선생님의 말에 주의를 집중했다.

"제2차 세계 대전 때 나치가 유대인과 집시를 엄청나게 많이 살해한 거, 다들 알지? 이 사실이 밝혀지자 그 당시 사람들은 나치가 굉장히 잔인한 마음을 가진 포악한 인간들이라고 생각했어. 너희 생각에도 그럴 것 같지? 그런데 스탠리 밀그램이라는 미국의 심리학자가 조사해 보니까 꼭 그렇지가 않았어. 나치도 대개 그저 평범한 보통 사람들이더라고."

스탠리 밀그램 Stanley Milgram, 1933~1984
미국의 심리학자. 그가 실시한 복종 실험은 심리학 역사에서 가장 큰 논란을 일으킨 심리 실험이었다. 비윤리적이라는 비난 때문에 그는 1974년에야 이 실험을 자신의 저서에 실을 수 있었다. 이 실험은 현대인들이 인간의 본성에 대해 다시 돌아보는 계기가 되었다.

안나의 머릿속에 나치는 마치 영화 속 악당 같은 이미지로 각인되어 있었다. 그랬기에 그들도 보통 사람들이었다는 말이 어색하게 느껴졌다.

"스탠리 밀그램은 그런 보통 사람들이 어쩌다가 유대인과 집시를 대량으로 학살하게 되었는지 알아봐야겠다고 마음먹었어. 그래서 1961년에 독특한 심리 실험을 했지. 일단 기억 연구를 한다며 수십 명의 참가자를 모집했는데 이들은 하나같이 성실하게 살아가는 보통 시민이었어. 참가자들은 선생 역할을 맡게 되었고, 칸막이 너머에서 학생 역할의 다른 참가자가 문제를 못 풀면 벌을 줘야 했지. 그 벌이란 전기 충격을 가하는 거였어. 그런데 이 심리 실험에는 비밀이 숨어 있었단다. 학생 역할의 참가자는 스탠리 밀그램과 짠 연기자였지. 게다가 틀린 답을 자꾸 말하기로 약속이 되어 있었어. 물론 전기 충격 기계도 가짜였고 말이야. 애초에 기억 연구라는 것 자체부터 거짓말이었지."

용이가 끼어들었다.

"완전히 속아 넘어간 거네요. 딱 저희처럼요."

"하하, 이거 또 미안한걸. 심리 실험을 위해서 그래야만 했던 선생님의 마음을 이해해 주라. 하여튼 본격적으로 실험이 시작되자 어떤 일이 벌어졌을까? 연기자가 틀린 답을 말할 때마다 스탠리 밀그램은 참가자에게 더 센 전기 충격을 가하라고 지시했어. 연기자는 가짜로 괴로워하며 비명을 질렀지. 이 상황이 거짓이란 걸 까맞게 몰랐던 참가자는 칸막이 너머에서 비명이 흘러나오는데도 지시에 따라서 전기 충격의 강도를 높였어. 상대편이 치명적인 위험에 처할 수도 있다고 생각하면서도 지시를 따른 거야. 최고 수준까지 전기 충격의 강도를 올린 사람이 전체 참가자의 65퍼센트나 됐대."

예상을 뛰어넘는 섬뜩한 실험 결과에 안나는 자기도 모르게 입이 벌어졌다.

"이 심리 실험의 참가자들은 평소에는 남을 전혀 해치지 않는 보통 사람이었지만 명령을 받자 잔인한 사람으로 변해 버린 셈이야. 한마디로 이 실험은 권위에 대한 복종을 보여 준 거지. 어때? 너희라면 지시를 따랐겠니, 아니면 거부했겠니?"

아이들은 선뜻 대답하지 못하고 서로 눈치만 살폈다. 안나도 금방 판단을 내릴 수가 없었다.

'명령을 받았다고 그렇게 아무 생각 없이 행동하다니. 하지만 나라면 당당하게 거부했을까? 그럴 수 있었을까?'

주영이가 찜찜한 듯한 말투로 대답했다.

"잘 모르겠어요. 아까 선생님이 국민 체조를 하라고 하셨을 때도 전 아무 의심 안 했거든요. 선생님이 시키는 거니까 다 이유가 있겠거니 하고 그냥 따랐어요."

그러자 선아가 주영이에게 말했다.

"그래도 그건 남을 해치는 일은 확실히 아니었잖아. 토끼뜀도 그렇고."

선아의 말에 선생님이 다시 나섰다.

"스탠리 밀그램의 심리 실험을 너희한테 그대로 할 수는 없었지. 너무 잔인한 실험이잖아. 나한테는 전기 충격 기계도 없고 말이야, 하하. 그래서 스탠리 밀그램보다 앞서 어느 심리학자가 1944년대에 한 심리 실험을 참고했지. 그 실험에서는 흰 가운을 입은 사람이 참가자들에게 물구나무를 서라든가 창문에 혀를 대라든가 하는 엉뚱한 지시를 내렸는데도 다들 거부하지 않고 따랐어. 두 심리 실험에서 사람들을 움직인 원인은 같아. 바로 권위지."

안나가 고개를 끄덕이며 말했다.

"아까 제가 노래를 부른 것도 선생님의 권위 때문이었어요. 평소에 남들 앞에서는 노래 잘 안 부르는데."

종찬이도 입을 열었다.

"저도 선아 같은 1학년 후배가 춤을 춰 보라고 했으면 절대 안 췄을 거예요."

안나는 종찬이가 춤추던 모습이 떠올라 웃음이 나오려 했지만 꾹 참았다. 교실 안의 분위기가 사뭇 진지했기 때문이다. 그만큼 스탠리 밀그램의 실험 결과는 너무나 충격적이었다.

"어라, 다들 조용하네. 내가 너무 분위기를 가라앉혔나? 하긴, 그 당시 사람들도 이 심리 실험 결과를 알고 큰 충격에 빠졌어. 평범하고 이성적인 사람도 권위 앞에서는 돌변해 나치와 같은 사람이 될 수 있다는 사실을 깨달았으니까. 하지만 이렇게 생각해 봐. 35퍼센트나 되는 사람은 끝까지 명령을 거부했잖니? 35퍼센트면 아주 적은 수는 아니지. 그러니까 누구나 노력하면 그 35퍼센트에 들 수 있지 않을까?"

종찬이가 말했다.

"권위가 너무 없어도 안 되겠지만, 권위란 건 정말 조심해야겠어요."

"그래. 특히 너희 같은 청소년은 부모님의 권위, 학교의 권위, 사회의 권위에 따라야 한다는 압력을 많이 받지. 하지만 때로는 권위에 반항할 줄도 알아야 해. 어른들이라고 해서 항상 옳지는 않거든. 게다가 알고 보면 지금의 어른들도 한때는 잘못된 권위에 반항

하는 청소년이었걸랑. 독재 정권을 무너뜨린 4·19 혁명도 청소년들이 주도해서 일어났잖아."

안나는 어렸을 때 부모님의 손에 이끌려서 갔던 촛불 시위가 떠올랐다. 그때 광장에는 수많은 중고등학생 언니 오빠 들이 촛불을 들고 있었다. 그 청소년들이 곧 스탠리 밀그램의 심리 실험에서 35퍼센트에 들었던 용기 있는 사람들인 셈이었다.

선생님이 다시 말했다.

"내가 오늘 이 심리 실험을 한 건 너희가 주도해서 심란 문화제를 준비해야 한다는 점을 강조하기 위해서야. 심리학이라면 내가 전문가지만 학교 축제라면 너희가 더 잘 알잖니? 선생님의 권위에는 신경 쓰지 말고 너희 생각을 마음껏 펼쳐 봐. 그럴 거지?"

"네!"

우렁차게 대답한 후 열띤 논의가 시작되었다. 아이들은 심란 문화제에서 토요일의 심리 클럽이 무엇을 보여 주면 좋을지 저마다 아이디어를 냈다. 선생님은 조언을 해 주기도 했지만 어디까지나 한발 물러서 있었다. 안나도 속상했던 일은 잠시 잊고 축제 준비에 열중했다. 교실 안에는 기대감과 열기가 꽉 차서 마치 여름이 잠시 돌아온 것 같았다.

누가 나 좀 도와줘요!

방관자 효과

    심란 문화제 준비의 얼개를 짠 토요일의 심리 클럽은 내친김에 근처의 대형 문구점을 찾았다. 매장 안을 한참 돌아다니고서야 밖으로 나온 아이들의 손에는 종이, 펜, 스티커, 천 등등이 쥐여 있었다. 어느새 하교 시간이 지났지만 집으로 가겠다는 사람은 아무도 없었다. 아이들과 선생님은 심란 문화제 준비를 마저 하기 위해 다시 학교로 갔다. 학교로 돌아가야 하는 이유는 또 있었다. 심리 실험 한 가지가 더 예정되어 있었던 것이다.

    최이고 선생님은 이 심리 실험을 한마디로 이렇게 표현했다.

    "이건 너희가 어려움에 빠졌을 때 아주 유용하게 써먹을 수 있는 심리 실험이야."

아이들은 교문 앞에 둥글게 모여 서서 선생님의 설명을 들었다. 누구는 고개를 끄덕이고 누구는 고개를 갸웃했지만 모두 함께 이 심리 실험을 해야 한다는 점에서는 한마음이었다.

토요일의 심리 클럽 여섯 명은 과학실 옆 복도에 모였다. 썰렁함이 감도는 복도에는 학생 몇몇이 간간이 지나갈 뿐이었다.

"자, 심리 실험 시작!"

선생님의 말에 종찬이가 제일 먼저 나섰다. 종찬이는 종이 더미를 든 채 복도에 섰다. 다른 아이들과 선생님은 눈에 띄지 않도록 멀찍이 구석에 서서 종찬이를 지켜보았다.

학생 한 명이 복도에 나타났다. 그 학생이 지나쳐 가기 전에 종찬이는 종이 더미를 떨어뜨렸다. 종이들이 주위에 팔랑팔랑 흩어졌다.

"어어!"

종찬이는 당황한 표정을 지으며 복도 바닥 여기저기에 떨어진 종이들을 줍기 시작했다. 물론 이 모든 행동은 실수나 우연이 아니라 계획된 것이었다.

복도를 지나던 학생이 가던 길을 멈추고 다가와 함께 종이를 주워 주었다. 종찬이는 종이를 건네받으며 고맙다고 인사했다.

종찬이를 도운 학생이 사라지자 다음에는 주영이가, 또 그다음에는 선아가 나섰다. 주영이도 선아도 종찬이와 마찬가지로 학생 한 명이 복도에 나타나면 종이를 떨어뜨렸고, 그때마다 그 학생들도 첫 번째 학생과 마찬가지로 종이 줍는 것을 도와주었다.

안나는 이 모든 광경이 무척이나 자연스러워 보였다. 그렇게 난처한 상황에 처해 있는 사람을 만나면 누구라도 당연히 도와줄 테니까 말이다.

'저 정도 도움은 나도 언제든지 줄 수 있어. 화장실이 급하다든가 뭐 그렇지만 않으면.'

선아까지 임무를 마치자 선생님이 말했다.

"그럼 이제부터 다음 단계로 넘어가자."

그러자 약간의 변화가 생겼다. 이번에는 안나가 종이 더미를 들고 복도에 섰다. 그런데 조금 전과는 달리 종찬이와 선아도 근처에 섰다. 셋은 서로 모르는 사이인 양 다른 곳을 쳐다보았다.

드디어 한 학생이 나타났다. 안나도 어김없이 종이를 떨어뜨렸다. 종찬이와 선아는 여전히 딴청만 부렸다. 안나는 종이를 주우며 그 학생이 도와주기를 기대했다. 하지만 그 학생은 쩔쩔매고 있는 안나를 보고도 잠시 멈칫했을 뿐 그냥 지나가 버렸다. 안나는 종이를 줍다 말고 그 학생을 멍하니 바라보았다. 종찬이와 선아도 놀란 눈치였다.

그 학생이 복도에서 완전히 사라지자 용이가 다가왔다.

"박안나, 어떻게 된 거야? 쟤 너랑 사이 나쁜 애야?"

안나는 고개를 세차게 저었다.

"아니야. 난 모르는 애야."

"그럼 네 연기가 좀 딸렸나 보다?"

"뭐? 그럼 네가 직접 해 보시지!"

용이의 말에 심통이 난 안나는 주운 종이 더미를 들이밀었다. 용이는 이쯤은 자신 있다는 듯 한쪽 눈을 찡긋했다. 이제는 용이가 종이 더미를 든 채 서고 근처에는 안나와 주영이가 섰다.

이번에는 한 명이 아니라 두 명의 학생이 다가왔다. 용이는 종이를 떨어뜨리고는 "아유, 난 몰라! 어떡하지!" 하고 애드리브까지 넣어 가며 당황해하는 티를 냈다. 하지만 용이의 실감 나는 연기조차 어쩐 일인지 먹혀들지 않았다. 두 학생 모두 용이가 종이를 줍는 모습을 분명히 보았는데도 그냥 쌩하니 지나쳐 버린 것이다. 게다가 안나를 본 학생처럼 잠시 멈칫하는 시늉조차 하지 않았다. 안나가 용이를 툭 치자 용이는 민망한 웃음을 흘렸다.

"헤헤, 운 나쁘게 불친절한 애들이 걸린 거지 뭐."

아이들은 선생님 주위로 모였다. 선생님이 알려 준 심리 실험 과정은 여기까지였다. 이제는 선생님의 설명이 필요했다.

선생님은 질문으로 이야기를 시작했다.

"도움을 받았을 때와 받지 못했을 때의 차이가 이해되니?"

주영이가 대답했다.

"여럿이 있을 때는 남을 돕기가 귀찮아지는 모양이에요. 옆에 누가 있든 말든 그냥 도와주면 되는 걸 가지고."

"주위에 다른 사람들이 있으면 나 말고 누군가 도와주겠지 하고 미루는 마음이 들거든. 좀 더 심리학적으로 표현하면 책임의 분산이 일어나는 거라고 할 수 있지. 이런 현상을 **방관자 효과**라고 해."

선아가 아는 티를 냈다.

"방관자라면 옆에서 구경만 하는 사람이라는 거죠?"

"그래. 방관자 효과는 1968년에 빕 라타네Bibb Latané와 존 달리John Darley라는 두 심리학자의 심리 실험이 잘 보여 주지. 어떤 심리 실험이었느냐면, 일단 여러 개의 방에 한 사람씩 들여보냈어. 그리고 간질 발작이 일어나 괴로워하는 사람의 목소리가 들리게 했지. 물론 그건 미리 녹음된 소리였어. 그 고통스러운 소리를 들은 다른 사람들은 어떻게 행동했을까? 당장 도와주러 갔을까?"

이번에도 선아가 말했다.

"그랬을 것 같아요. 간질 발작은 종이를 떨어뜨리는 거랑은 비교도 안 되게 심각한 일이잖아요."

"그래, 선아 말대로 대개는 도우려 했어. 다른 사람들도 간질 환자의 목소리를 듣고 있다는 사실을 전혀 몰랐을 때는 말이야. 그런데 다른 사람들도 함께 듣고 있다는 사실을 알았던 경우에는 어땠는지 아니? 무려 70퍼센트의 사람이 가만히 듣고만 있었지."

안나는 조금 전의 상황을 떠올렸다. 용이는 단지 운이 나빠서 불친절한 아이들을 만난 것뿐이라고 우겼지만 안나의 눈에는 특별히 더 못된 아이들처럼 보이지 않았다.

'내가 종이를 떨어뜨린 걸 본 애는 잠시지만 멈칫거리긴 했잖

아. 그 순간 머릿속에서 갈등이 일어나고 있었던 거야. 옆에 종찬 선배랑 선아가 없었으면 도우려는 마음이 이겼겠지.'

선생님의 이야기가 계속 이어졌다.

"빕 라타네와 존 달리는 이런 심리 실험도 했어. 방 안에 가짜 연기가 새어 들어가게 한 거지. 이번에도 사람들의 반응은 방 안에 한 명만 있을 때와 여러 명이 있을 때가 무척 달랐어. 혼자 있던 사람은 연기가 들어오자 금세 대기실에서 나갔지만 여럿이 있던 사람들은 연기가 자욱해지도록 서로 눈치만 보며 가만히 있었지 뭐야! 그 연기가 진짜 연기였다면 목숨이 위태로울 수도 있었는데 말이다. 황당하지?"

선생님은 잠시 말을 멈추고 아이들을 바라보았다. 무언가 주저하는 눈치였다. 선생님은 결심한 듯 입을 열었다.

"사실 이 심리 실험은 끔찍한 사건이 계기가 되었어. 1964년 뉴욕에서 캐서린 제노비스라는 사람이 새벽에 길에서 강도를 만났지. 칼에 찔리자 제노비스는 큰 소리로 외쳤어. 제발 누가 좀 도와달라고. 그런데 아무도 도와주러 오지 않는 거야. 그러자 강도는 다시 와서 제노비스를 더 공격했어. 결국 그 여자는 목숨을 잃고 말았지."

아이들은 하나같이 저도 모르게 얼굴을 찌푸렸다. 그렇게 많은 사람이 한 사람의 고통을 외면했다는 사실이 잔인하고도 기이하게 느껴졌기 때문이다.

"언론에서는 그 동네 사람들이 비인간적이라고 비난했어. 하지만 빕 라타네와 존 달리는 개개인의 마음이 문제가 아니라 그 상황이 문제였을 거라고 짐작했지. 그래서 이런 심리 실험을 한 거야."

안나는 불안해하는 목소리로 말했다.

"사람 많은 데서 사고라도 당하면 큰일이네요. 무서워요."

"에구, 안나가 겁먹었나 보구나. 하지만 모든 일에는 나름의 해결 방법이 있는 법! 자, 어떻게 해야 되느냐면……."

잠시 후 다시 선아가 종이 더미를 들고 복도에 섰다. 근처에는 안나와 종찬이가 있었다. 곧 네다섯 명의 학생이 우르르 나타났다.

선아는 긴장되는지 침을 꿀꺽 삼켰다. 그래도 자신이 해야 할 일을
잊지는 않았다. 선아는 종이를 떨어뜨렸고 역시나 학생들은 관심
을 기울이지 않고 수다만 떨며 걸어갔다. 이대로라면 그냥 지나갈
것이 뻔했다. 그때 선아가 그중 한 명에게 말을 걸었다.

"저기, 이것 좀 도와줄래요?"

"어, 그래요."

그 학생은 흔쾌히 대답하더니 걸음을 멈추고 종이를 줍기 시작
했다. 그러자 같이 있던 학생들도 함께 선아를 도왔다. 그 행동이
지극히 자연스러워 선아가 오히려 어색해했다.

학생들이 지나가고 토요일의 심리 클럽은 다시 한데 모였다. 용
이가 말했다.

"신기하다. 한 사람을 붙잡고 도와 달라고 하면 되는 거네!"

선생님이 고개를 끄덕였다.

"그렇지. 여기서 핵심은? 한 사람을 지목해야 한다는 거야. 책임
감이 분산되는 걸 막아서 방관자 효과가 일어나지 않게 되거든. 이
제 너희가 사고를 당했을 때 어떻게 해야 하는지 알겠지?"

주영이가 재깍 대답했다.

"그냥 무작정 도와 달라고 외치기보다는 한 사람에게 도움을 요
청해야겠어요."

종찬이도 한마디 했다.

"반대의 경우도 생각해 봐야죠. 어려움에 처한 사람을 만나면

주위에 몇 명이 있건 내가 먼저 나서야 하는 거예요."

"그래, 그것도 아주 중요하지. 나 말고 다른 사람이 돕겠지 하고 미뤄서는 안 돼. 그 다른 사람도 나를 보며 똑같은 생각을 할 테니까. 내가 먼저 나서면 다른 사람도 함께 따라나설 수 있는 거야."

그때 용이가 끼어들어 재촉했다.

"선생님, 이제 심리 실험은 다 했으니까 빨리 교실로 가요. 준비할 거 많잖아요. 이러다 밤 꼴딱 새우겠어요."

용이는 선생님의 대답을 기다리지도 않고 교실을 향해 뛰어갔다. 다른 아이들과 선생님도 발걸음을 옮겼다.

복도를 걸어가면서 안나는 이날 경험한 두 번의 심리 실험을 곰곰 되새겨 보았다. 평범한 사람들 속에 감추어져 있는 무시무시한 면을 엿본 것 같았다. 안나는 부정하고 싶지만 스스로도 그런 상황에서 옳게 행동할 수 있었을지 확신이 들지 않았다.

'그래도 이제는 달라. 직접 심리 실험까지 해 봤잖아. 그래서 내가 상황에 따라 잔인한 사람이 될 수도 있다는 걸 알게 됐고. 그러니까 난 옳게 행동할 수 있을 거야.'

이렇게 생각하니 찜찜한 기분이 약간은 가셨다. 안나를 비롯한 아이들은 교실로 들어가 문구 매장에서 산 물건들을 꺼내 이것저것 만들기 시작했다. 지금은 심란 문화제를 준비해야 할 시간이었다.

안나는 어둑어둑한 길을 마냥 걸었다. 해가 지자 토요일의 심리 클럽 아이들은 각자 집으로 돌아갔지만 안나는 차마 그럴 수가 없었다. "나 집에 안 들어올 거야! 나 찾지 마!" 하고 큰소리쳤던 자신의 목소리가 귓가에 맴돌았다.

'배도 고픈데 집에 갈까? 아니야, 그래 봤자 학원 가라는 소리나 들을 텐데 뭐.'

안나는 휴대폰을 꺼냈다. 엄마 아빠의 부재중 전화와 문자가 잔뜩 와 있었다. 안나는 망설이다가 번호를 꾹꾹 눌렀다.

잠시 후 안나는 분식집에 앉아 떡볶이를 허겁지겁 먹고 있었다. 그 앞에서는 최이고 선생님이 라면을 후루룩 먹고 있었다.

"이 집 라면 맛은 여전하네. 내가 심란 중학교 다닐 때도 라면 먹으러 여기 자주 왔는데."

"무슨 말씀이세요. 이 집은 떡볶이가 최고라고요."

"하하, 교장 선생님이랑 똑같은 말을 하는구나. 교장 선생님도 이 집에서는 떡볶이를 먹어야 된다고 하셨거든. 근데 나는 라면을 먹겠다고 해서 서로 한참이나 티격태격했지."

"교장 선생님이요? 그래서 어떻게 하셨어요?"

"어떡하긴. 교장 선생님은 떡볶이 시키고 나는 라면 시켜서 나눠 먹었지."

선생님은 안나의 떡볶이를 하나 집어 입에 쏙 넣었다. 알고 보니 이 분식집은 예전에 교장 선생님이 최이고 선생님을 데리고 자주 찾던 곳이었다. 중학생 최이고는 툭하면 가출을 했는데 그때마다 교장 선생님이 귀신같이 찾아내서는 이 분식집에 데려오곤 했단다.

"교장 선생님이 완전 잔소리 대장이잖아. 떡볶이 먹으면서도 어찌나 귀 따갑게 잔소리를 퍼붓던지, 내 참! 자꾸 그러다 보니까 가출하는 것도 재미없어지더라고."

"선생님은 집안 형편이 안 좋아지면서 문제아가 됐다고 그러셨잖아요. 집이 가난한 게 싫어서 가출하셨던 거예요?"

"아휴, 가난보다 더 큰 문제가 생겼거든. 바로 우리 아버지."

"아버지요?"

"아버지가 나더러 사관 학교에 가서 군인이 되라는 거야. 군인이 되지 못한 이 아비의 꿈도 이루고, 집안도 일으켜 세워야 한다나 뭐라나. 그러다가 매까지 들더라고. 아무리 우리 집이 쪼들리게 됐다고 해도 그렇지, 내가 부모님 인생을 대신 살아 주는 사람인가 뭐. 안나야, 그렇지? 내 말 맞지?"

"네, 맞아요!"

"그럼, 맞고말고. 그래서 결국 부모님한테 내 꿈대로 살겠다고 선언했지. 덕분에 이렇게 멋진 킹카 심리학자가 됐잖아, 음하하."

"선생님, 사실은요…… 저도……."

'저도 가출했어요.'라고 말하려다가 안나는 그냥 씩 웃었다.

"저도요, 라면이 좋아요."

"뭐? 이 선생님이 기껏 심각한 얘길 하고 있는데 겨우 라면 타령?"

선생님은 장난스럽게 툴툴거리면서도 라면을 덜어 안나에게 주었다.

"근데요, 선생님은 제가 왜 선생님한테 전화했는지 물어보지도 않으세요?"

"안나 너, 배고파서 전화한 거잖아. 이제 배부르니까 집에 들어 갈 거지?"

그렇게 말하며 최이고 선생님은 따스하게 미소 지었다.

안나는 왠지 선생님이 모두 알고 있다는 느낌이 들었다. 안나는 라면을 먹으면서 고개를 끄덕끄덕했다.

그날 밤 안나는 집으로 돌아가 부모님과 많은 대화를 나누었다. 부모님은 안나의 이야기에 귀를 기울여 주었고 안나는 속마음을 털어놓았다. 간혹 목소리가 높아지기도 했다. 하지만 대화가 끝날 때쯤에는 안나도 부모님도 서로를 좀 더 이해하게 되었다.

밤늦게야 침대에 누운 안나의 얼굴에는 기분 좋은 미소가 절로 피었다. 그러다 문득 아차 싶었다.

'종찬 선배에 대해서도 물어볼걸. 아우, 왜 그 생각을 못 했지?'

그래도 지금은 선생님에 대한 고마움이 종찬이에 대한 궁금증 보다 컸다. 안나는 최이고 선생님의 중학생 때 얼굴을 상상하며 킥 킥 웃다가 어느새 스르르 잠이 들었다.

구분 짓기

 사회에 관한 여러 가지 심리 실험들을 잘 보았나요? 이렇게 사회는 사람의 심리에 큰 영향을 끼치기 때문에 사회 심리학이라는 분야가 있을 정도지요. 사회에 관한 심리 실험들 중에서 여러분 또래의 청소년을 대상으로 이루어졌던 것이 있으니 소개해 줄게요. 청소년이 참여한 심리 실험인데도 왜 차마 직접 할 수 없는지는 읽다 보면 알게 될 겁니다.

1954년 미국에서 터키 출신의 심리학자 무자퍼 셰리프가 청소년 스물두 명을 여름 캠프에 데려갔어요. 이 청소년들은 서로 모르는 사이였지만 많은 공통점을 가지고 있었지요. 나이도 같고, 사는 지역도 같고, 종교도 같고, 경제적 수준도 비슷비슷했어요. 그리고 아마도 선아처럼 여름 캠프를 좋아한다는 점도 같았나 보지요? 무자퍼 셰리프가 청소년들을 모아 놓은 건 바로 사회에서 집단들 사이에 벌어지는 갈등을 연구

무자퍼 셰리프 Muzafer Sherif, 1906~1988
터키의 심리학자. 주로 미국에서 활동했다. 사회 심리학의 창시자 중 한 사람이다. 사회적 규범과 사회적 갈등에 대한 심리학 연구에 힘썼다. 그가 했던 여름 캠프 실험은 '집단 갈등에 대한 가장 뛰어난 현장 실험'이라는 평가를 받고 있다.

하기 위해서였어요.

자, 갈등을 연구하려면 먼저 갈등이 존재해야겠지요? 무자퍼 셰리프는 이 청소년들 사이에서 어떻게 갈등이 생기게 했을까요? 방법은 아주 간단했습니다. 구분 짓기였지요. 청소년들을 두 무리로 나누어 놓은 거예요. 특별한 기준도 없이 그저 무작위로 나누고서 한 무리에는 '독수리', 다른 무리에는 '방울뱀'이라는 이름을 붙였지요. 그리고 줄다리기나 축구, 야구 경기를 시켰어요.

두 무리는 차츰 상대편에 대해 경계심을 품더니 마찰을 일으키기 시작했답니다. 아이들의 행동은 점점 더 심해졌어요. 상대편의 깃발을 불태우기도 하고, 물건을 훔치기도 하고, 심지어는 숙소를 습격하겠다며 야구 방망이를 준비하기까지 했지요.

무자퍼 셰리프는 이토록 심각한 갈등을 일으켜 놓더니만 그다음에는 이 갈등을 없애기 위해 고민하기 시작했어요. "심리학자는 왜 이렇게 변덕스러워!" 하고 불평하는 여러분 목소리가 들리는 것 같아 내 귀가 간질간질하군요. 무자퍼 셰리프는 아이들이 함께 식사를 하고 영화를 보게 했어요. 하지만 이 방법은 그다지 효과가 없었지요. 오히려 식당에서 싸움이 벌어지기도 했어요. 갈등은 단순히 많은 시간을 함께 보낸다고 해서 사라지는 문제가 아니었던 거예요.

그럼 아이들의 갈등은 쭉 이어졌을까요? 아니지요. 심리학자들이 변덕이 죽 끓듯 할지는 몰라도 해결 능력이 전혀 없는 사람들은 아니거든요. 방법은 두 무리에게 같은 목표를 심어 주는 것이었습니다. 외부 사람 때문에 캠프장의 물이 오염되었다는 소문을 퍼뜨리자 두 무리는 너 나할 것 없이 함께 모여 이 어려움에 대처했지요. 또 음식을 나르는 트럭이

구덩이에 빠지자 아이들은 힘을 모아 트럭을 끌어냈고요. 갈등은 눈 녹 듯 사라졌습니다. 한때는 같이 밥도 안 먹으려고 하던 두 무리의 아이들 이 여름 캠프가 끝나던 날에는 사이좋은 친구가 되어 있었지요.

사회 안에서 사람들이 여러 집단으로 나뉘고 때로 서로 다른 목소리 를 내는 것은 정상적인 일입니다. 갈등이 아예 없는 사회는 없어요. 갈등 을 억지로 누르려다 보면 오히려 더한 갈등이 생겨나게 되지요. 하지만 때로는 그 갈등이 무자퍼 셰리프의 여름 캠프에서처럼 단순히 나와 다 른 집단이라는 이유만으로 생겨난 것은 아닌지 돌아보세요. 그리고 우 리에게는 언제나 같은 목표가 있다는 사실을 잊지 마세요. 그 목표가 무 엇일까요? 그래요, 바로 모두가 더불어 사람답게 사는 사회를 만드는 것 이지요. 그 목표를 항상 염두에 둔다면 사회 집단들 사이의 갈등을 해결 하기 위한 길이 좀 더 잘 보일 겁니다.

5

감각의 심리

맛 대결의 승자는?

미각과 심리

심란 문화제 날이 되었다. 심란 중학교에서 해마다 11월 셋째 주 토요일에 열리는 심란 문화제는 근처의 다른 학교 아이들까지 구경 올 정도로 널리 알려진 축제였다. 문화제가 끝나면 꼼짝없이 기말고사 준비에 돌입해야 하니 아이들은 이날만 되면 더욱 열심히 놀곤 했다.

오전에 전교생이 강당에 모여 조회를 하는 것으로 심란 문화제의 막이 올랐다. 이런 날에도 교장 선생님의 훈화는 빠지는 법이 없었다. 하지만 안나는 교장 선생님이 무어라 이야기하는지 하나도 들리지 않았다. 머릿속에 오로지 토요일의 심리 클럽 생각뿐이었기 때문이다. 지난번 수업 이후에도 안나, 용이, 주영이, 종찬이,

선아 그리고 최이고 선생님은 여러 번 모여 늦은 시간까지 심란 문화제 준비에 열중했다. 그동안 준비한 모든 것을 드디어 공개한 다고 생각하니 기대되면서도 조금 떨렸다. 안나는 이날 아침 "우리 딸, 그동안 열심히 준비했으니까 오늘 잘할 거야." 하고 격려해 주던 엄마 아빠를 떠올리며 힘을 냈다.

공연이 끝난 후 아이들은 저마다 흩어졌다. 각자 준비한 계발 활동 부서의 발표 장소로 가는 아이들도 있고, 삼삼오오 모여 어디를 먼저 구경할까 의논하는 아이들도 있었다. 안나는 발걸음을 서둘렀다. 선생님은 이미 교실에 도착해 기다리고 있었다. 토요일의 심리 클럽이 모두 모이자 선생님은 아이들 얼굴을 하나하나 들여다보며 흐뭇한 미소를 지었다.

"오늘 즐겁게 잘해 보자!"

아이들은 입을 모아 당차게 대답했다.

"네!"

교실 문에는 '토요일의 심리 카페'라는 문패가 걸렸다. 이날 하루만큼은 여섯 명만의 심리 클럽이 아니라 누구나 와서 즐길 수 있는 심리 카페였다. 카페라는 이름답게 교실 안에 여러 개의 탁자를 놓고 아기자기하게 꾸몄다. 특히 여기저기 놓인 안내 문구 속 예쁜 글자와 그림은 모두 안나의 솜씨였다. 안나는 교실 안을 둘러보며 뿌듯함을 느꼈다.

학교 안은 평소보다 열 배는 더 시끌벅적했다. 하지만 토요일의 심리 카페 안은 썰렁하기만 했다. 학생들은 간혹 기웃거리기만 할 뿐 통 들어오려 하지 않았다. 보다 못해 용이가 복도로 나섰다. 용이는 흰 두루마리를 입고 울긋불긋한 부채를 들고 있었다. 용한 점쟁이 용도사로서 활약하겠다며 준비한 차림새였다.

"용도사가 떴습니다, 용도사가 떴어요! 무엇을 물어보든 그 이상을 답해 드립니다요!"

용이가 부채를 휘두르며 외치자 지나가던 학생들이 걸음을 멈추고 키득거렸다. 마침내 학생들이 하나둘 안으로 들어왔다.

"여기 사주 카페인 거예요?"

"사주 카페가 아니라 심리 카페입니다만, 이 용도사가 사주도 봐 드리죠. 자, 앉으세요!"

용이는 진짜 점쟁이처럼 폼을 잡고 앉았다. 정말로 점을 치는 척 그럴듯하게 연기를 하다가 바넘 효과에 대해 알려 주겠다는 것이 용이의 계획이었다. 그사이 선생님은 양복 위에 앞치마를 걸친 채 한구석에서 음료수와 과자를 준비하고 있었다. 이날 토요일의 심리 카페에서 선생님이 맡은 일은 손님에게 대접할 먹을거리 장만이었다.

그때 안나의 귀에 반가운 목소리가 들려왔다.

"안나야!"

"어, 유미야, 안녕!"

초등학교 6학년 때 같은 반이었던 유미는 중학생이 되면서 학교가 갈라지는 바람에 요즘은 통 보지 못한 친구였다. 그런데 유미 옆에 웬 낯선 남자아이가 서 있었다. 두 아이는 손을 맞잡고 있었다. 안나의 시선을 느낀 유미가 멋쩍은 미소를 지었다.

"얜 종윤이라고 해. 내 남자 친구야."

종윤이도 괜스레 민망해하며 안나에게 인사했다. 둘 다 어색해하는 것을 보니 사귄 지 얼마 되지 않은 모양이었다.

유미가 안나 앞에 놓인 안내문을 보며 물었다.

"공짜 음료수와 함께하는 미각 테스트? 이게 무슨 소리야?"

"일단 마시고 싶은 걸 골라 봐. 콜라? 사이다? 오렌지 주스? 포도 주스?"

"난 콜라. 종윤아, 너는?"

"나는…… 그냥 물 마실래."

"좋아. 그런데 한 가지 해야 할 것이 있어. 여긴 그냥 카페가 아니라 심리 카페니까."

이렇게 말하며 안나는 긴장감에 등을 꼿꼿이 폈다. 이것은 심란 문화제를 위해 토요일의 심리 클럽 아이들이 직접 자료를 뒤져 찾은 심리 실험이었다. 이제부터 안나가 심리학자가 되어 실험을 주도해야 했다.

선생님이 주문대로 콜라와 물을 내왔다. 그런데 콜라를 담은 컵도 두 개, 물을 담은 컵도 두 개였다. 유미가 고개를 갸우뚱했다.

"어라, 두 잔씩이나 마시라는 거니?"

안나가 고개를 저은 다음 설명했다.

"이건 코카 콜라고 저건 펩시 콜라야. 또 이건 증류수고 저건 보통 생수야. 둘 다 맛보고서 마음에 드는 쪽을 고르면 돼."

"심리 카페랑 이거랑 무슨 관계인데?"

"그건 좀 이따 얘기해 줄 테니까 일단 골라 봐. 공짜니까 맘껏 마시고."

안나는 네 개의 컵이 놓인 쟁반을 유미와 종윤이 쪽으로 밀었다.

"나야 원래 코카 콜라를 더 좋아하긴 하는데."

이렇게 중얼거리면서도 유미는 콜라 두 컵을 번갈아 조금씩 마셔 보았다. 종윤이도 여자 친구를 따라 물 두 컵을 번갈아 맛보았다.

유미가 컵을 내려놓으며 말했다.

"난 코카 콜라가 더 마음에 들어. 딴거랑 비교해 봐도 역시 코카 콜라가 더 낫다."

종윤이도 잠시 생각하다가 말했다.

"난 생수. 거의 비슷하긴 한데 그래도 증류수는 좀 밍밍한 감이 있는 것 같아."

유미와 종윤이의 말을 듣자 안나는 묘한 기분이 들었다. 실은 콜라는 둘 다 코카 콜라이고, 물은 둘 다 생수였기 때문이다. 그동안 토요일의 심리 클럽에서 다양한 심리 실험을 하는 동안 속이는 사람은 언제나 선생님, 속임을 당하는 사람은 언제나 아이들이었다. 선생님이 진실을 밝힐 때마다 심리 실험을 위해서 그랬다는 사실을 이해하면서도 조금은 억울한 마음이 들곤 했다. 그런데 이제는 안나가 선생님의 입장이 된 셈이었다.

안나가 진실을 알려 주자 예상대로 유미와 종윤이의 눈이 둥그렇게 커졌다.

"저것도 코카 콜라라고? 이상하다. 저게 좀 더 맛있었는데?"

"물맛도 서로 달랐는데?"

안나는 아이들이 황당해할 때마다 선생님의 얼굴에 피던 짓궂은 웃음을 떠올리며 자기도 미소를 지었다.

"여긴 심리 카페잖아. 방금 우린 마음이 미각에 미치는 영향을 알아보는 심리 실험을 한 거야."

"심리 실험? 그냥 콜라 마시고 물 마신 게 실험이라고?"

안나는 이제 본격적으로 설명을 들려주어야겠다고 생각했다. 그동안 용이를 앞에 앉혀 두고 몇 번이나 반복해서 입에 익혀 놓은 설명이었다.

"그러니까 이게 어떻게 된 거냐면, 우리는 혀로만 맛을 느낀다고 알고 있지만 사실은 마음으로도 맛을 느낀다는 거야."

"마음으로?"

"응. 잘 들어 봐. 코카 콜라와 펩시 콜라를 가지고 한 실험은 2003년에 리드 몬터규Read Montague라는 사람이 한 거야. 콜라 이름을 표시하지 않고서 코카 콜라와 펩시 콜라를 줬더니 사람들은 어느 쪽이 어떤 콜라인지 잘 구별을 못 하더래. 원래 코카 콜라를 좋아하던 사람이나 펩시 콜라를 좋아하던 사람이나 마찬가지였지. 그 다음에 이런 심리 실험도 했어. 두 개의 컵 중에 하나는 코카 콜라라고 표시해 놓고 또 하나는 아무 표시도 안 해 놓은 다음에, 코카 콜라를 좋아하는 사람들한테 마시게 했대. 그랬더니 코카 콜라라고 표시해 놓은 게 더 맛있다고 하는 거야. 실제로는 둘 다 코카 콜라였는데도 말이야."

"진짜? 완전 웃긴다!"

유미와 종윤이는 서로 눈을 마주치며 빵긋 웃었다. 안나는 살짝 질투가 났지만 '부러우면 지는 거다.'라는 생각에 티 내지 않고 설명을 계속했다.

"비슷한 심리 실험이 또 있었어. 1998년에 프레데릭 브로셰Frédéric Brochet가 화이트 와인에 붉은 색소를 넣어서 레드 와인처럼 보이게 하고 와인 전문가들한테 맛보게 했대. 그랬더니 그 화이트 와인을 레드 와인으로 판단하더래. 전문가라고 자신만만해하던 사람들인데도."

"아, 그래서 네가 마음으로도 맛을 느낀다고 했구나. 나도 방금 그런 거네. 똑같은 코카 콜라의 맛을 다르게 느꼈잖아."

유미는 다시 두 컵에 담긴 콜라를 맛보았다.

"신기하다. 지금은 둘 다 똑같이 느껴져."

"미각뿐만이 아니야. 마음은 후각이나 촉각에도 영향을 많이 끼치지. 1899년에 화학자 에드윈 슬로슨Edwin Slosson이 사람들한테 어떤 액체를 보여 주고 냄새를 맡아 보라고 했대. 이 액체는 향이 나는 화학 물질이라고 말하면서. 사람들은 분명히 냄새를 맡았다고 대답했는데 사실 그건 증류수였어. 증류수는 원래 아무 냄새도 안 나잖아. 그만큼 우리 마음이 굉장한 역할을 하는 거야. 이해되지?"

안나가 설명을 마치고 문득 선생님 쪽을 보니 선생님이 안나를 향해 빙그레 웃고 있었다. 안나도 씩 웃어 보였다.

유미가 안나에게 물었다.

"이거 되게 재미있네. 그럼 여긴 이렇게 심리 실험을 하는 카페구나?"

"응. 음료수 마시고서 다른 심리 실험도 해 봐."

"저기 한복 입은 애도 심리 실험을 하고 있는 거지? 어떤 실험이야?"

용이 앞에는 그새 다른 학생이 앉아 있었다. 용이는 어디서 구했는지 책상 위에 커다란 구슬까지 올려놓고서 점쟁이 노릇에 열중하고 있었다.

"나한테 묻지 말고 직접 용도사한테 가 봐. 너희는 궁합 보면 되겠다."

안나의 말에 유미와 종윤이는 또다시 서로 눈을 맞추며 배시시 웃었다.

어느새 토요일의 심리 카페 안에는 학생들이 꽤 들어와 있었다. 용이, 주영이, 종찬이, 선아도 각자의 자리에서 학생들에게 심리 실험을 체험하게 해 주거나 설명해 주는 데 열중하고 있었다. 선생님도 음료수를 따르느라 바빠 보였다.

또 다른 학생들이 안나 쪽으로 다가왔다. 호기심이 발동하긴 했지만 아직 머뭇거리고 있는 눈치였다.

안나는 밝은 목소리로 말했다.

"어서 오세요! 이리 와서 앉으세요! 무슨 음료수 드실래요?"

눈뜬장님이 되다
부주의맹, 변화맹

　몇 시간 후 토요일의 심리 카페에서 안나는 종찬이와 역할을 바꾸었다. 안나가 새로 맡은 자리에는 커튼 바로 앞 탁자에 노트북이 펼쳐져 있고 "횟수를 맞히면 공짜 과자를 드려요!"라는 안내 문구가 적혀 있었다.

　카페 안에 또 한 손님이 들어왔다. 교복을 보니 근처 고등학교에 다니는 학생이었다. 심란 문화제에는 주로 같은 또래의 중학생들이 놀러 오는지라 고등학생의 등장은 눈에 띄었다. 그 남학생은 두리번두리번하다가 안나 앞에서 걸음을 멈추었다.

　"공짜 과자? 마침 출출한데 잘됐네. 그런데 무슨 횟수를 맞혀야 된다는 거예요?"

안나는 노트북 화면을 가리키며 말했다.

"이 노트북으로 동영상 하나를 보여 드릴게요. 흰색 티셔츠를 입은 세 사람이랑 검은색 티셔츠를 입은 세 사람이 등장할 거예요. 농구공 두 개를 가지고 같은 색 옷을 입은 사람들끼리 농구공을 주고받아요. 손님은 흰색 티셔츠를 입은 사람들끼리 패스를 몇 번 하는지 그 횟수를 맞혀 주세요. 그러면 맛있는 과자를 드립니다."

"이거 좀 헷갈릴 것 같은데. 그래도 한번 해 볼게요."

안나가 재생 버튼을 클릭하자 동영상이 나오기 시작했다. 남학생은 눈을 크게 뜨고 동영상에 시선을 고정시켰다. 어찌나 뚫어져라 보는지 노트북에 구멍이라도 낼 기세였다.

동영상이 끝나자마자 남학생이 말했다.

"열다섯 번! 맞아요?"

"네, 정답입니다! 맛있는 과자를 드실 수 있게 되었습니다."

남학생은 활짝 웃으며 좋아했다. 안나는 남학생의 표정을 살피다가 물었다.

"그런데 과자를 드리기 전에 질문 하나 할게요. 고릴라 보셨나요?"

"고릴라요?"

남학생은 주위를 휘휘 둘러보았다. 안나는 노트북 화면을 다시 가리켰다.

"이 심리 카페 말고 방금 봤던 동영상에서 말이에요. 엄청 집중해서 보셨잖아요."

"무슨 말이에요? 고릴라 같은 거 없었는데."

"자, 동영상을 다시 한 번 보세요."

안나는 동영상을 다시 재생했다. 사람들이 농구공을 주고받기 시작한 지 몇 초 후 고릴라 탈을 쓴 사람이 나타나 사람들 사이를 천천히 지나갔다. 심지어 잠시 멈춰 서서 카메라를 향해 가슴을 팡팡 치기까지 했다. 남학생은 고릴라를 보고는 너무 놀라 입을 헤벌렸다.

"어라, 이거…… 아까는 없었는데……."

안나는 남학생이 얼마나 놀랐는지 이해할 수 있었다. 안나 역시 이 동영상을 처음 보았을 때 고릴라를 발견하지 못했기 때문이다.

"이거 아까 내가 본 그 동영상이에요? 똑같은 거 맞아요?"

"그럼요. 정말로 똑같은 거예요. 이건 1999년에 미국의 대니얼 사이먼스라는 심리학자가 한 실험인데요, 여기서 알 수 있는 건 부주의맹이라는 심리 현상이랍니다."

"부주의…… 뭐요?"

대니얼 사이먼스 Daniel J. Simons
미국의 심리학자. 현재 일리노이 대학교 심리학 교수이며 시각 인지 실험실을 이끌고 있다. 부주의맹과 변화맹에 대한 기발한 실험으로 유명해졌다. 이 책에 소개된 그의 심리 실험들은 www.dansimons.com/videos.html에서 볼 수 있다.

"부주의맹이요. 한곳에 주의를 집중하면 눈앞의 다른 것은 알아채지 못하는 현상이에요. 우리 눈에 있는 맹점이 뭔지 아세요?"

"알죠. 그 뭐냐……. 아, 뭐였더라……."

"맹점은 시각 세포가 없어서 빛에 반응하지 못하는 부분이에요. 그래서 맹점에서는 물체를 보지 못하죠. 눈이 두 개라 맹점을 서로 보완해 주기 때문에 우리는 잘 못 느끼지만요. 그런데 눈에 맹점이 있는 것처럼 우리 마음에도 맹점이 있다고 할 수 있어요. 분명히 봤는데도 본 줄 모르는 거죠. 눈뜬장님이 됐다고나 할까요? 물론 눈앞의 모든 것을 다 신경 쓰고 살 필요는 없을 거예요. 길을 가는데 맞은편에서 오는 사람이나 떨어지는 낙엽이나 길바닥의 쓰레기에 더 눈이 쏠린다면 전봇대에 쾅 부닥치고 말지 않겠어요? 어쩌면 부주의맹은 우리가 좀 더 효율적으로 볼 수 있도록 마음이 조종한 결과인지도 몰라요."

"그럼 그 부주의맹이란 건 좋은 거네요?"

안나는 이런 반응을 예상하고 있었기에 침착하게 설명을 술술 이어 나갔다. 그동안 열심히 연습한 덕분이었다.

"하지만 다른 면도 생각해야죠. 때로는 중요한 걸 놓칠 수도 있으니까요. 이런 예는 어떨까요? 뉴턴은 떨어지는 사과를 우연히 보고 만유인력을 발견했다고 하잖아요. 그때 뉴턴이 다른 일에만 신경 쓰다가 사과를 보지 못했다면 만유인력을 발견하지 못했을 거예요."

"하, 이거 재밌네. 근데 그럼 고릴라를 못 봤으니까 과자는 안 주는 건가요?"

남학생은 배를 쓸며 배고픈 티를 냈다. 안나는 웃으며 손사래를 쳤다.

"그럴 리가 있나요. 어쨌든 횟수를 맞히셨잖아요."

안나가 손짓하자 선생님이 과자를 쟁반에 담아 가져왔다.

"자, 맛있는 과자입니다!"

선생님이 일부러 부산을 떨며 과자를 내려놓는 사이 또 다른 심리 실험이 시작되었다. 남학생은 눈치채지 못하게.

남학생의 눈길이 과자에 쏠린 틈을 타 안나는 무언가 떨어뜨린 척하며 몸을 숙였다. 그러면서 슬그머니 커튼 뒤로 갔다. 그곳에는 주영이가 미리 짜고 숨어 있었다. 안나가 손으로 오케이 사인을 보내자 주영이는 엉거주춤한 자세로 커튼 밖으로 나가 탁자 옆에서 몸을 일으켜 세웠다. 주영이가 있던 커튼 뒤에는 이제 안나가 숨어 있었다.

주영이가 남학생에게 말을 걸었다.

"어때요? 과자 맛있나요?"

남학생은 과자를 맛보느라 주영이는 보는 둥 마는 둥 하며 대답했다.

"네. 심리 실험을 한 보람이 있네요."

주영이는 남학생이 방금 전 일어난 변화를 알아차리기를 기다렸다. 커튼 뒤에서 안나도 남학생의 반응을 궁금해하고 있었다.

"심리 실험 또 하면 과자 더 주나요?"

남학생은 이렇게 말하며 주영이를 바라보았다. 주영이와 남학생의 눈이 마주쳤다. 남학생은 안나가 아닌 주영이를 보고도 아무런 동요 없이 주영이의 대답만을 기다리고 있었다. 안나가 사라지고 주영이가 갑자기 나타났다는 사실을 전혀 깨닫지 못한 것 같았다. 너무도 태연한 남학생의 표정에 주영이는 손으로 입을 가리고 키득거렸다. 남학생은 조금 어리둥절한 듯했지만 여전히 변화를 알아차리지는 못했다.

주영이는 계속 나오는 웃음을 꾹 삼키고 사실을 말했다.

"지금도 심리 실험 중인데요."

"지금요? 과자 먹는 것도 심리 실험이라고요?"

"그게 아니라요, 혹시 저한테서 뭐 이상한 점 안 보여요?"

"에? 무슨…….."

남학생은 더욱 모르겠다는 얼굴로 두 눈만 끔뻑끔뻑할 뿐이었다. 커튼 뒤에 선 채 이 모든 소리를 듣고 있던 안나는 우습기도 하고 답답하기도 했다. 마침내 주영이가 "안나야." 하고 부르자 안나는 커튼 밖으로 나가 주영이 옆에 섰다.

"아까는 저랑 얘기하셨잖아요. 패스 횟수를 세라고 안내한 사람은 저였다고요. 이 언니가 아니라."

"저는 처음엔 여기 없었어요. 손님이 과자를 먹을 때부터 여기 있었죠. 커튼 뒤에 있다가 중간에 얘랑 자리를 바꾼 거예요."

　전혀 닮지 않은 안나와 주영이를 번갈아 보던 남학생은 고릴라 동영상의 진실을 알게 되었을 때보다 더 크게 입을 벌렸다.

　"와…… 진짜…… 완전 몰랐어요. 우아, 이거 제대로 바보 인증했네. 그러니까 이것도 심리 실험이었다는 거죠?"

　"네, 그렇습니다."

　"그럼 이 심리 실험도 그 뭐더라, 부주의맹에 관한 거예요?"

　이번에는 주영이가 나서서 설명했다.

　"이것도 부주의맹처럼 마음속 맹점이라고 할 수 있지만 부주의맹이랑은 좀 달라요. 바로 **변화맹**이라는 거죠. 부주의맹이 관심 없는 사물의 존재를 알아채지 못하는 거라면 변화맹은 눈앞에서 일어나는 변화를 깨닫지 못하는 거예요. 이것도 대니얼 사이먼스가 1998년에 한 심리 실험인데요, 실제 실험은 이랬어요. 길을 지나가는 사람한테 실험자가 다가가 길을 묻고서, 그 사람이 길을 안내해 주는 동안 여러 명의 실험자들이 넓은 문짝을 들고 둘 사이를 지나갔어요. 그 순간 길을 묻던 실험자는 다른 실험자와 자리를 바꿨어요. 바뀐 실험자는 외모도 옷차림도 목소리도 달랐고요. 그런데 길을 안내해 주던 사람은 문짝이 지나간 뒤에도……."

　"앞사람이 바뀐 걸 못 알아챈 거죠? 그 사람도 바보 인증한 거죠?"

　남학생이 끼어들어 물었다. 당황하던 눈빛은 가시고 즐거움과 호기심이 동시에 어린 웃음을 짓고 있었다.

"바보 인증이란 표현은 좀……. 하여튼 많은 사람이 못 알아챈 건 맞아요. 절반이 넘는 사람이 못 알아챘대요. 아까 손님은 동영상을 보거나 과자를 먹는 데 신경 쓰느라 변화를 깨닫지 못한 거예요. 텔레비전 드라마를 보면 옥에 티가 나올 때가 있죠? 주인공의 옷이 바뀌어 있다든지 하는 거 말이에요. 그런데 드라마에 푹 빠져서 보다 보면 옥에 티를 못 알아보고 넘어가곤 하잖아요. 이런 것도 변화맹인 셈이에요."

안나가 한마디 덧붙였다.

"우리가 주입식 교육을 받는 것도 어른들의 변화맹 때문일 거예요. 요즘은 시대가 변해서 창의력과 개성이 중요한데."

남학생이 고개를 끄덕이다가 물었다.

"처음 이 심리 실험을 했을 때 변화를 못 알아챈 사람이 절반이 넘었다고 그랬죠? 그럼 오늘 여기선 어땠어요? 얼마나 많이 바보 인증을 했나 궁금하네."

"잠깐만요. 종찬 선배!"

안나는 바로 전까지 이 자리를 담당했던 종찬이를 불렀다. 마침 종찬이 자리에는 손님이 없었다. 종찬이가 안나에게 걸어왔다.

"응, 왜?"

"선배가 여기 있을 때 선배랑 주영 언니랑 서로 바뀐 걸 알아챈 사람하고 못 알아챈 사람이 몇 명씩이었어요?"

"음, 알아챈 사람이 네 명이었고, 못 알아챈 사람이 여덟 명이었고, 나랑 주영이가 자리를 바꾸는 걸 보는 바람에 심리 실험이 실패한 사람이 한 명이었어. 나는 남자고 주영이는 여자니까 대부분 알아챌 줄 알았는데 꽤 의외더라."

그때 종찬이를 유심히 바라보던 남학생이 반가운 목소리로 말했다.

"야, 너 종찬이 맞지? 나 명호야, 서명호. 기억나?"

종찬이도 남학생을 알아보고 말했다.

"어, 명호구나."

"학원 땡땡이치고 심심해서 들어와 봤더니 널 보게 됐네. 무지 오랜만이다."

"반갑다. 안 바쁘면 복도에서 잠깐 얘기할래?"

"나야 안 바쁘지."

종찬이와 남학생은 교실 밖으로 향했다. 그런데 안나의 귀에 이런 말이 들려왔다.

"근데 종찬이 너 아직 중학교 다니는 거야? 갑자기 학교 그만두더니?"

안나는 종찬이의 대답이 궁금해서 귀를 쫑긋했다. 하지만 둘은 이미 복도에 나가 있어서 무슨 이야기를 나누는지 들리지 않았다.

그 모습을 함께 지켜보던 주영이가 말했다.

"참 좁은 세상이다, 그렇지? 안나야, 우린 심리 실험이나 계속하자.”

안나는 종찬이 친구의 질문이 마음에 걸렸지만 주영이의 재촉에 다시 탁자 옆에 섰다.

늦은 오후가 되어 올해의 심란 문화제가 막을 내릴 무렵, 토요일의 심리 카페에 뜻밖의 손님이 찾아왔다.

“흠흠, 심리 카페라.”

교장 선생님은 교실 안을 한 바퀴 돌며 여기저기 살펴보았다. 아이들은 긴장해서 “안녕하세요.” 하고 인사만 하는데 최이고 선생님이 앞치마 차림 그대로 잽싸게 뛰어나왔다.

“우아아, 이게 뉘신가요. 교장 선생님이 오셨네요. 이거 영광입니다.”

“여기가 그렇게 재미있다고 소문이 자자하기에 직접 한번 와 봤습니다. 최 선생님이 학생들을 잘 이끈 것 같군요.”

“아유, 이건 다 여기 학생들이 알아서 준비한걸요. 물론 저의 탁월한 가르침이 밑바탕이 되긴 했죠, 헤헤.”

“그래요. 다들 열심히 한 게 눈에 보이네요. 최 선생님이 심리 실험반을 만들겠다고 하도 조르고 졸라서 내 어쩔 수 없이 허락했는데 다행히…….”

“교장 선생님, 기왕 오신 김에 음료수 한 잔 드세요. 이쪽으로.”

최이고 선생님이 교장 선생님의 말을 끊고 교실 한쪽의 탁자로 안내하자 용이가 안나에게 속삭였다.

"처음에 선생님이 그러지 않았나? 교장 선생님이 흔쾌히 허락해 주셨다고?"

안나는 어깨를 으쓱했다. 시작이야 어쨌든 지금 교장 선생님은 최이고 선생님을 자랑스러워하는 게 분명해 보였다.

그날 저녁, 아이들이 교실 안을 깨끗하게 정리하고 있는데 피자가 배달되어 왔다. 교장 선생님의 선물이었다. 환호성을 올린 토요일의 심리 클럽은 피자 주위에 둥글게 모여 앉았다.

용이가 입 안 가득 피자를 우물거리며 말했다.

"오늘 용도사 되게 인기 많았어. 심리 카페가 아니라 사주 카페를 차릴 걸 그랬나."

다른 아이들도 한마디씩 했다.

"심리 실험이라는 걸 밝히니까 무지 황당해하더라. 우리가 그랬던 것처럼."

"연습한 보람이 있었어. 시작하기 전에는 좀 긴장됐는데 막상해 보니까 별로 안 떨리더라고."

"뒤셴 웃음이랑 팬암 웃음을 설명할 때 괜히 나까지 자꾸 웃었더니 입이 다 아프다."

"난 반동 효과 얘기하다가 흰곰이 질려서 나중에는 동물을 바꿔가며 했어. 호랑이, 코끼리, 원숭이……."

선생님이 팔을 주무르며 말했다.

"나도 음료수와 과자를 내놓느라 하루 종일 바빴어. 손님이 많이 모여드니까 정신이 하나도 없더라고. 그래도 너희 모두 자기 역할을 잘해 줘서 손님들이 아주 재밌어하는 걸 보니까 이 선생님도 힘이 팍팍 나던걸. 너희도 재미있었니?"

"네!"

이 와중에도 안나는 종찬이가 신경 쓰였다. 종찬이의 친구에게서 들은 마지막 말이 계속 귓가에 맴돌았다. 아직 중학교 다니는 거야? 갑자기 학교 그만두더니?

'혹시 일진이었나? 그래서 퇴학당하는 바람에 고등학교에 못 가고 아직 중학생인 건가?'

생각이 여기까지 미치자 종찬이 턱의 흉터도 예사로이 보이지 않았다. 그렇다고 종찬이에게 대놓고 직접 물어볼 수도 없었다. 이런 안나의 마음을 알 리 없는 종찬이는 그저 즐거워 보였다. 여전히 과묵한 편이기는 했지만 그래도 그 어느 때보다 말을 많이 하고 있었다. 가끔 큰 소리로 웃기도 했다.

그때 선생님이 안나에게 피자 한 조각을 내밀었다.

"안나도 참 수고 많았다. 진짜 심리학자처럼 술술 설명하던걸. 자, 피자 더 먹어."

안나가 좋아하는 고구마 피자였다. 안나는 피자를 받으며 선생님과 미소를 주고받았다. 종찬이에 대한 궁금증은 잠시 내려놓고 안나는 피자를 베어 물었다. 고구마 토핑이 달콤했다.

이날 토요일의 심리 클럽의 피자 뒤풀이는 꽤 늦은 시간까지 왁자지껄하게 이어졌다.

플라세보 효과

　　심란 문화제를 마치고 나니 좀 피곤하군요. 오늘은 일찍 자야겠어요. 안 그래도 환절기라 감기 걸리기 십상이니까요. 말이 나온 김에 이번에는 건강과 관련된 이야기를 들려줄게요.

　　우리는 몸이 아프면 약을 먹지요. 건강을 되찾게 해 주니 약은 정말 고마운 존재예요. 그런데 겉보기에는 진짜 약과 똑같이 생겼는데 의학적인 성분은 전혀 들어가지 않은 약이 있답니다. 그렇다고 무시하면 안 됩니다. 환자들이 이 약을 먹고 나면 건강이 한결 좋아지거든요. 뭐 이런 어이없고 희한하고 알쏭달쏭한 약이 다 있느냐고요? 바로 플라세보라는 약이지요. 약인 것도 아니고 약이 아닌 것도 아닌 플라세보의 힘은 과연 어디서 나오는 것일까요?

　　1955년 미국에서 헨리 비처Henry K. Beecher라는 의사가 「강력한 플라세보」라는 흥미로운 논문을 발표했어요. 헨리 비처는 수술을 받은 뒤 후유증으로 힘들어하는 환자들에게 설탕으로 만든 가짜 약, 즉 플라세보를 주는 실험을 했지요. 환자들은 그 약이 플라세보라는 사실을 까맣게 모른 채 진짜 약이라고 굳게 믿었어요. 그런데 플라세보를 먹은 환자들 중 35퍼센트나 증상이 나아졌답니다. 의학계는 깜짝 놀랐지요. 이런 현상은 그 이후에도 다양한 실험에서 확인되었어요. 건강이 좋아진 환자의 비율은 조금씩 달랐지만 알약이든 주사약이든, 빨간 약이든 파란 약이든 플라세보는 환자들의 증상을 나아지게 했지요. 심지어 가짜로 수술을 하는 것도 마찬가지였어요. 이런 현상을 가리켜 **플라세보 효과**라고 하지요. 속임약 효과라고도 부릅니다.

플라세보 효과의 원인은 다름 아닌 환자들의 마음에 있답니다. 여러분도 의사가 처방해 주는 약을 먹고 나면 '이제 이 약 덕분에 건강이 좋아지겠구나.' 하고 생각하게 되지요? 바로 그 안도감과 기대감이 몸을 건강하게 바꾸는 것이지요. 심란 문화제에서 한 심리 실험에서 보았듯이 우리 마음은 미각과 시각에 큰 영향을 주는데요, 이렇게 몸 전체의 상태를 변화시키기까지 한답니다.

플라세보 효과와는 반대로 **노세보 효과**라는 것도 있어요. 환자가 의사로부터 부정적인 암시를 듣거나 환자 스스로 약의 효능을 의심하면 진짜 약이라도 오히려 환자의 건강을 나빠지게 하는 현상이랍니다. 플라세보는 라틴어로 '즐겁게 하다.'라는 뜻이고 노세보는 '해를 끼치다.'라는 뜻이에요. 플라세보 효과와 노세보 효과를 비교해 보면 긍정적인 마음을 갖는 것이 얼마나 중요한지 잘 알 수 있지요?

여러분은 평소에 긍정적인 생각을 자주 하나요, 아니면 부정적인 생각을 자주 하나요? 몸이 아플 때 '곧 나아서 밖에 나갈 수 있을 거야.' 하고 생각하나요, '난 왜 이렇게 약골일까. 너무 힘들다.' 하고 생각하나요? 성적표를 받고서 '다음엔 더 잘할 수 있어.' 하고 생각하나요, '난 이것밖에 안 돼.' 하고 생각하나요? 물론 살다 보면 너무 힘들어서 긍정적인 생각이라고는 통 떠오르지 않을 때도 있어요. 하지만 플라세보 효과에서 보았듯이 자신에 대한 긍정적인 믿음은 좋은 변화를 부른답니다. 우리 몸뿐 아니라 우리 삶 전체를 긍정적인 방향으로 이끌어 주지요. 그리고 여러 사람의 긍정적인 생각이 모이고 모이다 보면 우리 사회까지도 바뀔 수 있을 거예요.

자, 지금 이 순간 여러분의 마음속에서 플라세보 효과를 만들어 보세요.

6

진화의 심리

단것을 향한 뿌리 깊은 사랑
단맛 선호

　겨울 방학을 겨우 며칠 앞둔 12월 중순의 토요일. 토요일의 심리 클럽 마지막 모임이 있는 날이었다.

　이날도 어김없이 교문에서 기다리던 용이는 안나를 보자마자 호들갑을 떨었다.

　"안나야, 너 그 소문 알아? 종찬이 형 얘기인데. 이른바 임종찬 쌈짱설."

　"그게 무슨 말이야? 종찬 선배가 쌈짱이란 거야?"

　"내가 확실히 들었어. 종찬이 형은 3학년 되면서 여기로 전학 온 건데, 전에 다른 중학교 다닐 때 전교 쌈짱이었대. 2학년 때 3학년 쌈짱을 때려눕혀서 새 쌈짱에 등극했다나. 이제야 형의 과거를 알겠다. 뻔하지 뭐. 애들 패고 돈 뺏고 그러다 퇴학당해서 일 년 논 거야. 그러고는 과거를 지우기 위해 심란 중학교로 온 거지. 그래서 아직도 중학생인 거 아니겠어?"

"야, 무슨 그런 말도 안 되는 소리를 하냐. 종찬 선배는 얌전하기만 하잖아."

"흠, 하긴 종찬이 형이 주먹 휘두르는 게 상상이 잘 안 되긴 해. 그래도 그거밖엔 설명이 안 되잖아?"

용이는 고개를 갸웃거리며 앞서서 걸어갔다. 애써 종찬이를 두둔했지만 사실 안나 자신도 종찬이가 일진이었나 의심하던 터였다. 그 의심이 사실로 드러날까 봐 안나는 조금 겁이 났다.

최이고 선생님이 드라마 속 비운의 주인공인 양 우수에 찬 표정으로 창밖을 보며 말했다.

"아아, 세월이 야속하구나! 우리가 처음 만나 토요일의 심리 클럽이라고 이름을 짓던 게 엊그제 같은데. 속절없이 흐르는 시간을 그 누가 잡을 수 있겠니."

그러다 갑자기 선생님이 아이들을 향해 고개를 획 돌렸다. 언제 분위기를 잡았느냐는 듯 다시 익살스러운 표정이었다.

"마지막 날을 그냥 보낼 수 없지. 우리 학교 밖에 나가서 맛있는 거 먹을까?"

잠시 후 토요일의 심리 클럽은 학교 옆 큰길가에 새로 생긴 커다란 카페에 앉아 있었다.

"잘 먹겠습니다!"

용이는 이렇게 외치고서 컵에 꽂힌 빨대를 향해 입을 벌렸다. 그런데 입이 빨대에 채 닿기도 전에 선생님이 용이에게 손을 뻗었다.

용이는 어정쩡한 자세로 입맛을 다시며 물었다.

"선생님, 왜요? 빨리 먹고 싶은데."

"내가 괜히 너희를 여기까지 데려왔겠니? 그걸 마시기 전에 먼저 내 질문에 답해야 해."

"어우, 내 이럴 줄 알았어! 선생님, 지금 또 심리 실험 하시는 거죠? 제 말 맞죠?"

용이는 투정을 부리듯 말하긴 했지만 심통 난 표정은 아니었다. 오히려 이번에는 어떤 심리 실험일까 궁금해하는 눈빛이었다. 다른 아이들도 선생님의 입에서 과연 무슨 질문이 나올지 기대하고 있었다.

"하하, 당연하지. 우린 토요일의 심리 클럽이잖니. 자, 먼저 각자 앞에 뭐가 놓여 있는지 한번 봐라."

안나 앞에 있는 것은 밀크티였다. 조금 전 계산대 앞에서 선생님이 무엇이든 먹고 싶은 음료수를 고르라고 말했을 때 안나는 따뜻하면서도 달짝지근한 밀크티를 선택했던 것이다. 안나는 다른 아이들 앞에 놓인 음료수도 훑어보았다. 용이는 키위 스무디, 주영이는 딸기 생과일주스, 종찬이는 홍차, 선아는 코코아였다. 선생님

앞에 있는 것은 조막만 한 커피 잔에 담긴 에스프레소였다. 그리고 탁자 가운데에는 용이와 선아가 졸라서 산 큼직한 와플이 생크림이 가득 끼얹어진 채 놓여 있었다.

아이들이 음료수와 와플을 멀뚱멀뚱 바라보고 있자 선생님이 물었다.

"이것들의 특징이 뭘까?"

용이가 곧바로 대답했다.

"선생님이 사 주셨다는 거요."

"용이 말도 맞긴 맞네. 하지만 내가 바란 건 좀 다른 답이야. 너희가 고른 것들은 대부분 단맛이 나지?"

듣고 보니 그랬다. 종찬이의 홍차와 선생님의 에스프레소만 빼고 전부 단 음식들이었다. 안나는 새삼 종찬이가 어른스러워 보였다.

주영이가 탁자를 둘러보며 말했다.

"그게 뭐 그렇게 특별한 점인가요? 단것이 맛있잖아요."

"왜 단것이 맛있을까?"

선생님의 질문은 마치 "왜 지구는 돌까?" "왜 1 더하기 1은 2일까?" 하는 질문처럼 너무나 빤해서 오히려 뭐라고 대답해야 할지 알 수가 없었다.

안나는 망설이다가 고작 이렇게 대답할 수밖에 없었다.

"단맛이 다른 맛보다 좋으니까요."

그때 갑자기 선아가 큰 소리로 말했다.

"선생님, 제 코코아 식어요! 우리 먹으면서 얘기하면 안 돼요?"

"이런, 이런. 내가 너무 기다리게 했구나. 어서들 먹어. 금강산도 식후경이지."

선생님의 말이 채 끝나기도 전에 아이들은 곧장 음료수를 홀짝거리기 시작했다. 커다란 와플이 아이들의 포크에 조각조각 갈라졌다.

선생님이 에스프레소를 한 모금 마시고 나서 다시 이야기를 시작했다.

"아까 안나가 말한 대로 사람들은 단맛을 다른 맛보다 좋아해. 내가 커피를 마시고 있긴 하지만 그렇다고 단맛을 싫어하는 건 아니야. 홍차를 고른 종찬이는 어떠니? 단맛이 싫으니?"

"아니요. 전 그냥 홍차가 맛있어서 고른 거예요. 너무 달면 좀 그렇지만 적당한 단맛은 좋아요. 지금 와플도 먹고 있는걸요."

"그럼 언제부터 단맛을 좋아했는지 기억하니?"

안나는 선생님의 질문이 점점 산으로 가는 것 같아 의아했다. 종찬이도 고개를 갸웃했다.

"음, 아마…… 굉장히 어릴 때부터였겠죠? 어린애들도 과자를 주면 좋아하잖아요."

"그냥 굉장히 어릴 때부터인 정도가 아니야. 심리학자들이 연구한 결과, 사람은 태어나자마자, 아니 태어나기 전부터 단맛을 좋아한다는 사실이 밝혀졌지. 1988년에 다이애나 로젠슈타인Diana

Rosenstein과 해리엇 오스터Harriet Oster라는 두 심리학자가 이런 실험을 했어. 태어난 지 두 시간밖에 안 돼서 아직 엄마 젖을 빨아 보지도 못한 신생아 열두 명의 입에다 단맛, 짠맛, 신맛, 쓴맛이 나는 물질을 차례로 넣어 준 거야. 그랬더니 아기는 유독 단맛을 맛볼 때만 행복한 표정을 지었지. 아기는 엄마 배 속에 있을 때부터 이미 단맛을 좋아하는 성향을 갖고 있었던 셈이야. 말하자면, 우리가 단맛을 좋아하는 건 후천적이 아니라 선척적인 거지."

주영이가 잘 이해가 안 된다는 표정으로 끼어들었다.

"선생님, 그게 우리가 단맛을 좋아하는 근본적인 원인은 아니잖아요. 그럼 왜 선천적으로 단맛을 좋아하는 거예요?"

"우아, 날카로운 질문! 지금부터 본격적으로 알려 줄게. 너희 모두 진화론을 잘 알지?"

안나는 선생님의 질문이 이제는 산을 넘어 바다로 가고 있는 것 같았다. 하지만 선아는 두 눈이 반짝반짝했다. 과학 하면 나 김선아에게 물어보라는 듯한 눈빛이었다.

"진화론이야 당연히 알죠. 모든 생명체는 주위 환경에 맞춰 계속 변화해 간다는 거잖아요. 인간도 그렇게 생겨난 거고요."

신이 나서 떠들던 선아도 문득 이상하다고 느꼈는지 선생님에게 물었다.

"근데 진화론이랑 심리학이 무슨 관계라도 있나요?"

"언뜻 생각하기에 진화론은 심리학과 거리가 한참 먼 것 같지?

하지만 선생님 설명을 듣고 나면 생각이 달라질걸? 자, 들어 봐. 아주아주 오래전에 인간은 참 살기가 힘들었어."

용이가 와플을 먹다가 불쑥 말했다.

"저희도 살기 힘들어요. 어른들이 공부하라고 하도 강요해서 인생이 팍팍하다고요. 그래서 제가 일부러 공부를 안 하는 거예요."

장난기 섞인 용이의 푸념에 아이들은 웃으며 맞장구를 쳤다. 선생님도 빙그레 미소 지었다.

"그래, 요즘 청소년들이 눈물겹도록 고생이 많지. 이 선생님도 다 알아요. 그래도 너희는 맛있는 밥을 꼬박꼬박 먹고 있잖니? 먼 옛날에 인간은 먹을거리를 구하는 것 자체가 쉬운 일이 아니었어. 그런데 우리에게 필요한 에너지가 되는 영양소인 포도당이 바로 단맛을 갖고 있지. 그래서 인간은 포도당을 더 많이 섭취하려고 노력하다 보니까 자연스럽게 단맛이 나는 음식을 더 좋아하도록 진화한 거야. 만약 포도당이 단맛이 아니라 신맛이나 쓴맛이었다면 지금 우리 입맛도 달라졌을걸. 너희가 이렇게 단것들을 주로 고른 것도 마음이 진화한 결과지."

안나는 예전에 자연사 박물관에서 보았던 원시인 모형이 떠올랐다. 과일을 채집하고 사냥을 해서 먹을거리를 구하는 모습이었다. 안나는 상상할 수도 없는 까마득한 옛날에 살던 인간이 선택한 결과가 지금 안나의 입맛을 이루게 되었다는 사실이 신기했다.

종찬이가 홍차 잔을 내려놓으며 말했다.

"요즘은 옛날하고는 반대로 음식이 흔하잖아요. 단 음식도 너무 많고요. 그럼 이제 반대로 진화할 수도 있겠네요? 단맛을 좋아하지 않는 쪽으로요."

"어쩌면 그렇게 바뀔 수도 있겠구나. 하지만 우리가 확인할 수는 없을 거야. 진화는 엄청나게 긴 시간 동안 서서히 진행되니까. 여하튼 과거와 지금의 상황이 달라졌다는 건 맞는 말이야. 사회가 변하는 속도는 인간이 진화하는 속도보다 훨씬 빠르거든. 그래서 요즘 들어 비만이 사회 문제가 되고 있는 거야. 옛날에는 인간이 아무리 단맛을 좋아한다 해도 단맛을 가진 음식 자체가 적어서 비만이 되려야 될 수가 없었지. 그런데 지금은 어떠니? 종찬이 말대로 단맛을 가진 음식을 아주 쉽게 구할 수 있잖아. 그래서 마음이 시키는 대로 단맛만 찾다 보면 살이 불어날 수밖에."

안나는 와플로 향하던 포크를 슬그머니 거두었다. 안 그래도 중학생이 된 이후로 군것질이 늘어서 약간 살이 쪘기 때문이다.

주영이도 안나와 비슷한 기분을 느꼈는지 선생님에게 질문했다.

"뚱뚱해지지 않으려면 단맛을 좋아하는 선천적인 마음을 억누르는 수밖에 없겠네요. 제 친구들 중에는 다이어트를 한다고 밥까지 굶는 애들이 있다니까요."

선생님이 대답 대신 잔에 담긴 에스프레소를 가리키며 미소를 지었다. 너무 진해서 거의 검은색으로 보이는 에스프레소는 마치 사극에 나오는 사약처럼 보였다.

"주영아, 이거 마셔 봤니?"

"아니요. 무지 쓸 것 같아요. 어른들은 왜 그런 걸 마시나 모르겠어요."

"나도 어릴 때는 내가 이렇게 쓴 커피를 좋아하게 될 줄 몰랐어. 하지만 나이를 먹다 보니까 입맛이 바뀌더라고. 인간은 진화에 따른 선천적인 본능의 영향도 많이 받지만 환경의 영향도 그에 못지않게 많이 받거든. 우리나라 사람들이 다른 나라 사람들에 비해 매운 음식을 유난히 좋아하는 것도 환경 때문에 후천적으로 갖게 된 입맛이지. 다른 맛을 자꾸 접하다 보면 단맛만 찾는 버릇을 고칠 수 있어."

그러고 보니 안나도 어릴 때는 채소를 먹지 않으려는 편식 습관 때문에 부모님 속을 꽤나 썩였다. 하지만 지금은 채소 반찬도 깨끗하게 싹싹 비웠다. 가지와 시금치만은 여전히 입에 대기도 싫어하지만.

선생님이 다시 말했다.

"흔히 진화는 몸하고만 관련이 있다고 여기는데 알고 보면 이렇게 마음과도 관련이 참 많아. 진화가 우리 마음에 어떤 영향을 미치는지 심리 실험으로 계속 알아볼까? 바로 여기서 말이야."

용이가 빈 와플 접시를 포크로 톡톡 두드리며 말했다.

"선생님, 와플 다 먹었는데 다른 거 또 사 주시면 안 돼요? 먹으면서 심리 실험 하니까 더 재밌잖아요. 저기 조각 케이크도 있던

데, 히히."

"야, 또 단것을 먹겠다고? 춤추려면 몸매 관리해야지."

안나가 용이를 툭 치며 핀잔을 주었지만 선생님은 흔쾌히 지갑을 쥐며 일어섰다.

"오늘 같은 날은 먹고 싶은 거 다 먹어야지. 오늘은 선생님이 무조건 다 쏜다!"

창가 자리가 먼저 차는 이유는?

<u>조망과 피신</u>

　와플이 없어진 자리에 치즈 케이크, 티라미수, 호두 파이가 한 조각씩 놓였다. 아이들의 손길이 다시 분주해졌다. 안나도 방금 전 체중 걱정을 했던 것도, 용이에게 핀잔을 주었던 것도 까맣게 잊어버리고 케이크를 먹기 시작했다.

　선생님이 다시 질문을 던졌다.

　"우리가 지금 이 카페 안에서 어떤 자리에 앉아 있지?"

　또 심리 실험이 시작된 셈이었다. 안나가 먼저 대답했다.

　"구석 자리요."

　안나 앞에 앉아 있던 주영이도 말했다.

　"창문 바로 옆이요."

안나와 주영이의 말대로 토요일의 심리 클럽 아이들이 앉아 있는 자리는 창가 자리 중에서도 가장 안쪽이었다. 그래서 통유리로 된 창문 너머로 길에 지나다니는 사람들도 잘 볼 수 있고 카페 안도 한눈에 볼 수 있었다.

"누가 이 자리로 정했니?"

"그건……."

아이들은 기억을 더듬었지만 금방 대답할 수가 없었다. 카페에 도착한 순간 너 나 할 것 없이 일제히 이쪽으로 향해 왔던 것이다. 입구와 계산대에서 먼 자리인데도 아이들은 굳이 이 자리를 골라 앉았다.

"그럼 다른 사람들은 어떤 자리에 앉아 있는지 살펴보자. 지금부터 이 안에 들어오는 사람들이 어떤 자리에 앉는지도 잘 관찰해 보고."

아까 들어올 때만 해도 카페 안에는 손님이 거의 없었지만 지금은 다른 사람들도 꽤 앉아 있었다. 대부분 창가 자리, 아니면 벽면 바로 옆의 구석 자리였다.

"저기 봐!"

선아가 입구를 가리켰다. 대학생 같아 보이는 사람 둘이 막 카페 안으로 들어오고 있었다. 아이들의 눈이 일제히 그 두 사람에게 꽂혔다. 두 사람은 이 시선을 알아채지 못한 채 두리번거리다가 가장 자리로 향했다. 두 사람이 선택한 자리도 벽면 옆이었다.

"또 온다!"

용이의 외침에 아이들의 눈이 다시 입구로 향했다. 이번에는 유모차를 밀고 있는 엄마들이었다. 아기를 제외하고도 대여섯 명은 되어 보였다. 엄마들은 처음에는 창가 자리로 다가갔다. 하지만 이미 자리가 다 찬 것을 보고서야 카페 한가운데 자리에 앉았다.

이 광경을 함께 지켜본 선생님이 말했다.

"어때? 사람들이 어떤 자리를 좋아하는지 알겠니?"

용이가 여전히 다른 사람들을 둘러보며 말했다.

"왜 창가나 구석으로 가려고들 할까요? 하긴 뭐, 저도 여기 앉긴 했지만요, 헤헤. 그냥 더 편해서요. 창밖으로 길가를 내다보는 것도 재밌고요."

선아는 나름 과학적으로 설명해 보려고 했다.

"이것도 진화에 관한 심리 실험이잖아요? 그러니까…… 사람은 어떤 공간 안에서 가장자리 쪽에 앉는 것을 좋아하도록 진화한 거예요. 맞죠?"

선아의 말에 선생님은 짝짝 박수를 쳐 주었다.

"맞아, 맞아. 선아야, 그럼 이 질문도 생각해 보자. 어째서 그렇게 진화하게 되었을까?"

"단맛을 좋아하는 게 원시인들이 사는 데 도움이 되었으니까…… 가장자리 쪽에 앉는 것도 살아가는 데 유리했던 거예요. 그렇죠?"

"그렇지, 그렇지. 선아 머리가 잘 돌아가네. 그런데 그게 어째서 유리했을까?"

"음……."

선아는 설명이 더는 떠오르지 않는 듯 눈알만 굴렸다. 안나도 곰 곰 생각해 보았지만 도무지 알 수 없었다. 용이 말마따나 그런 자 리가 그냥 더 편하게 느껴질 뿐이었다.

"너희가 원시인이라고 상상해 봐. 먹을거리도 찾고 맹수도 피해 야겠지? 그런데 사방이 뻥 뚫려 있으면 어떨까? 맹수의 표적이 되 기 십상일걸. 그렇다고 사방을 다 막아 놓으면? 먹을거리를 구하 지 못해서 쫄쫄 굶게 될 거야. 이런 상황에서 너희라면 어떻게 하 겠니?"

조용히 있던 종찬이가 나섰다.

"한쪽만 막히고 한쪽은 뚫린 곳에 있어야겠네요. 기왕이면 뒤가 막혀 있어야겠어요. 등에는 눈이 안 달렸으니까요."

"바로 그거야. 인간은 다른 인간이나 맹수의 눈에 띄지 않은 채 주위를 두루 살펴볼 수 있는 자리를 더 좋아하도록 진화했어. 이건 1975년에 영국에서 제이 애플턴 Jay Appleton이 주장한 **조망과 피신** 이론 이지. 재미있는 건 이 제이 애플턴이라는 사람이 심리학자가 아니 라 지리학자라는 점이야. 우리나라에도 이것과 비슷한 이론이 예 로부터 내려오고 있는데 뭔지 아니?"

이번에도 종찬이가 대답했다.

"배산임수(背山臨水)요."

아이들은 그걸 어떻게 알았느냐는 표정으로 "와!" 하고 쳐다보았다.

"그냥 생각이 났어."

종찬이의 말투는 덤덤했지만 얼굴은 살짝 붉어져 있었다. 안나는 새삼 이런 종찬이가 도저히 다른 아이들을 때리고 다니는 쌈짱으로 보이지 않는다고 생각했다.

선생님이 고개를 끄덕이며 말했다.

"그래, 배산임수. 뒤로는 산을 등지고 앞으로는 강을 향해 있는 곳에 집을 지어야 좋다는 생각 속에도 이렇게 진화와 관련된 이유가 숨어 있지."

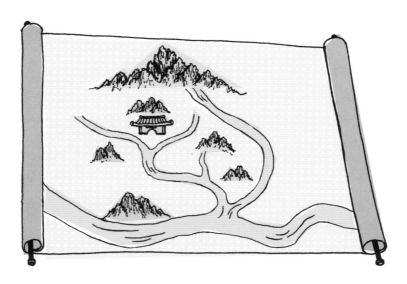

안나는 다시 한 번 카페 안을 둘러보았다. 토요일의 심리 클럽을 제외하고는 모두 전혀 모르는 사람들이었지만 진화라는 거대한 끈으로 한데 묶여 있는 듯한 느낌이 들었다. 또한 먼 과거의 원시인들과도, 먼 미래의 사람들과도 단단하게 연결되어 있는 것만 같았다.

선생님이 미소를 지었다. 아이들은 선생님이 또 무슨 심리 실험을 알려 주려나 기다렸다. 하지만 선생님의 입에서 나온 이야기는 다른 것이었다.

"이제 모든 심리 실험이 끝났어. 그동안 이 선생님이랑 함께해 줘서 정말 고맙다."

선생님이 아쉬운 목소리로 말을 끝내자 잠시 정적이 감돌았다. 2학기가 끝나 갈 무렵이니 당연한 일인데도 아이들은 예상치 못한 뉴스를 들었을 때처럼 당황하는 분위기였다.

안나가 섭섭함이 담긴 표정으로 물었다.

"이걸로 끝이에요? 그럼 이제 토요일의 심리 클럽도 끝인 거예요?"

선아가 선생님을 졸랐다.

"내년에 또 하면 안 돼요? 저 2학년 돼서도 이거 계속하고 싶단 말이에요."

그러자 주영이가 입을 삐죽이며 선아에게 말했다.

"넌 내년에 또 할 수 있지만 난 뭐야? 이제 고등학교로 가야 하는데."

안나는 주영이도 주영이지만 종찬이를 볼 수 없다는 사실에 가슴이 허전해졌다.

"선생님, 우리 또 해요. 네? 네?"

"그래요. 심란 중학교에 우리 심리 클럽의 전통을 세우자고요."

아이들의 성화에 선생님의 입이 찢어질 듯 벌어졌다.

"와, 이거 감동인걸! 그렇다면 내가 내년에도 교장 선생님께 졸라서, 아니 잘 말씀드려서 토요일의 심리 클럽이 계속될 수 있게 해 볼게. 잘하면 이번에도 흔쾌히 허락해 주실 것 같은데?"

용이가 목소리를 높이며 나섰다.

"혹시 학교에서 못 하게 되더라도 토요일의 심리 클럽이 없어져야 하는 건 아니잖아요. 주영이 누나랑 종찬이 형도 계속해. 고등학생이라 바쁘면 명예 회원 하면 되지. 안 그래?"

종찬이가 고개를 끄덕였다.

"저도 토요일의 심리 클럽이 쭉 이어졌으면 좋겠어요. 그동안 정말 재미있었거든요."

주영이가 새로운 의견을 내놓았다.

"우리 인터넷 카페 만드는 거 어때요? 심리 실험 자료도 올려놓을 수 있잖아요."

"와, 찬성, 찬성!"

모두 주영이의 의견에 동의했다. 주영이는 인터넷 카페를 만든 다음 문자를 돌리기로 약속했다.

비록 이날이 올해 토요일의 심리 클럽이 모이는 마지막 날이긴 하지만 결코 토요일의 심리 클럽이 끝나는 날은 아니었다. 여름 방학이 지나고 다시 만났듯 겨울 방학이 지나고도 또 만나게 되리라는 것을 누구도 의심하지 않았다.

아이들과 선생님은 이별에 대한 아쉬움 대신 겨울 방학에 대한 기대감을 나누며 수다를 떨었다. 용이는 춤 연습에 매진하고, 주영이는 지리산 둘레길을 완주하고, 선아는 겨울 방학 캠프에 참여할 계획을 들려주었다. 그리고 종찬이는 복지 기관에서 자원봉사 활동을 할 계획이라고 말했다. 안나는 다시 한 번 종찬이가 정말 쌈짱이었을 리 없다고 생각했다.

"저는 책을 많이 많이 읽을 거예요. 여름 방학 때보다도 더 많이요. 아주 다양한 분야의 책을 보려고 해요. 참, 진화에 대한 책도 읽어야겠네요."

안나는 이렇게 말하고서 선생님에게 물었다.

"선생님은요? 겨울 방학 계획 있으세요?"

"물론 있지. 난 영국에 갈 거야. 런던에 또 다른 프로이트 박물관이 있거든."

"저번엔 빈에 있는 프로이트 박물관에 가시더니. 선생님은 프로이트가 그렇게 좋으세요?"

"내가 심리학을 공부하며 처음 만난 심리학자거든. 물론 비판받을 점도 있지만 심리학에 많은 기여를 한 사람이야. 나처럼 지적인 외모를 가졌다는 점도 맘에 들고, 호호."

선생님은 은근슬쩍 종찬이의 눈치를 살피는 듯하더니 평소의 선생님답지 않게 쑥스러워하는 말투로 덧붙였다.

"그리고 또 한 가지 계획이 있어. 여자 친구에게 청혼을 할 생각 이야."

곧바로 아이들은 카페 안이 울릴 정도로 호들갑스럽게 외쳤다.

"에? 여자 친구라고요?"

"선생님, 여자 친구 없다고 하셨잖아요!"

하지만 종찬이가 슬그머니 미소 짓는 것을 안나는 알아보았다. 마치 다 알고 있었던 듯.

"아, 그게…… 너희가 물어봤을 때는 없었는데…… 그사이에 생 긴 거지, 뭐. 그럴 수도 있는 거잖니, 하하하! 내년 밸런타인데이가 처음 만난 지 일 년 되는 날이걸랑. 그날 청혼할 거야."

주영이가 두 손을 맞잡고 말했다.

"우아, 진짜 로맨틱하다! 선생님 여자 친구는 어떤 분인지 궁금 해요."

"사실은 너희도 이미 본 적이 있어. 내가 뒤셴 웃음과 팬암 웃음 을 비교할 때 가져온 사진 기억나니? 그거 내 여자 친구 사진이었 어. 몰랐지? 하하."

아이들은 뜻밖의 사실에 놀라워했다. 선생님은 여자 친구 이야기를 하니 마냥 좋은지 싱글벙글했다.

"내 여자 친구도 토요일의 심리 클럽에 어떤 친구들이 있는지 궁금해하고 있어. 내년에는 우리 결혼식에 꼭 초대할 수 있으면 좋겠다. 너희도 선생님 결혼식 보고 싶지?"

"네!"

아이들은 입을 모아 대답하고서 웃음을 터뜨렸다. 안나는 종찬이도 함께 대답하는 모습을 놓치지 않았다.

한참 후 카페를 나선 토요일의 심리 클럽 아이들은 서로서로 인사를 나누고 각자의 방향으로 흩어졌다. 용이가 춤 연습을 하러 가야 한다며 뛰어가 버리는 바람에 안나는 종찬이와 단둘이 걷게 되었다. 종찬이는 별말 없이 앞만 보며 걸었다. 안나는 어색한 분위기를 견디다 못해 무슨 말이라도 하려고 머리를 굴렸다. 그런데 종찬이가 먼저 말을 꺼냈다.

"오늘 알게 된 조망과 피신 이론 참 재밌지? 그동안 별생각 없이 창가 자리에 앉곤 했는데 그게 진화 때문이라니 말이야."

"그러게요. 정말 재밌는 사실 같아요."

"나 그때도 창가 자리에 앉아 있었잖아."

"네? 언제요?"

"네가 나 봤을 때. 나랑 최이고 선생님이랑 고모랑 카페 안에 같이 앉아 있던 날."

안나는 너무 당황한 나머지 순간적으로 혀가 굳어 버린 것만 같았다. 그러다 종찬이의 말 중에서 한 가지 단어가 머릿속에 콕 박혔다.

"고모요? 선생님 여자 친구가 종찬 선배 고모라고요?"

종찬이는 싱긋 웃으며 고개를 끄덕였다.

"응. 난 고모랑 살고 있어. 부모님은 외국에 계시고 형은 멀리 있는 대학에 다니거든. 고모가 선생님을 만난 건 순전히 나 때문인데 두 분이 사귀게 됐으니까 내가 말썽 피운 보람이 있네, 하하."

"선배가 말썽을 피웠다고요? 무슨 말썽이었는데요? 말해 주기 힘든 거예요?"

"말하기 힘들다기보다…… 뭐, 그냥."

"궁금해요. 얘기해 주세요."

"그게 뭐가 궁금해. 별것도 아닌데."

순간 안나는 종찬이 앞을 가로막았다.

"선배, 얘기 안 해 주면 못 가게 할 거예요!"

그런 안나의 행동에 종찬이도 놀란 듯했지만 안나 자신은 더 놀랐다. 갑자기 어디서 그런 용기가 솟았는지 모를 일이었다.

"하하, 그렇게나 알고 싶니? 알았으니까 걸어가면서 얘기하자."

종찬이는 중학교 1학년 때까지만 해도 별문제가 없는 아이였다고 한다. 그런데 2학년이 되고 얼마 후 일이 터졌다. 전교에서 알아주는 쌈짱인 3학년 선배와 사소한 시비가 붙은 것이다. 그때부터 쌈짱의 집요한 괴롭힘이 시작되었다. 반 아이들마저 슬금슬금 종찬이를 피했다. 왕따까지 겹치자 종찬이는 하루하루가 지옥 같았다. 결국 겨울 방학을 앞둔 어느 날 종찬이는 쌈짱 선배의 교실로 찾아갔단다.

"그래서 그 쌈짱을 때려눕힌 거예요?"

"하하, 그럴 리가 있니. 내가 일방적으로 얻어터졌지. 병원에 며칠 입원했을 정도였어. 이 흉터도 그때 생긴 거야. 뭐 그 녀석도 이 하나가 나갔다고 하더라."

종찬이는 퇴원하고서도 다시는 학교에 돌아가지 않겠다고 버텼다. 그렇게 일 년을 보낸 후에야 종찬이는 고모의 설득으로 마음을 바꿨다. 단, 전학을 간다는 조건으로. 이미 쌈짱 선배는 졸업을 했지만 그래도 그 학교에는 발도 디디고 싶지 않았다. 그래서 찾아간 곳이 심란 중학교였다.

"전학 문제 때문에 고모랑 교장 선생님을 뵈러 갔는데 그때 마침 최이고 선생님도 교장실에 있었어. 심리 실험반을 만들겠다고 엄청 떼쓰고 있더라고. 그땐 선생님 머리가 새빨갰지. 선생님은 그날 우리 고모를 보고 첫눈에 반했대."

"선배 고모도 선생님이 첫눈에 좋았대요?"

"아니. 처음엔 그냥 특이한 사람이다 하고 말았대. 그런데 자꾸 보니까 정이 들더라나. 선생님이 내 핑계로 고모를 자주 만났거든. 선생님은 고모한테 눈이 멀어서가 아니라 교장 선생님이 날 부탁

했기 때문이라고 주장하지만."

"아, 그래서 그날 카페에서도 같이 있었던 거구나."

"그날은 셋이 뮤지컬을 보러 가기로 한 날이었어. 선생님이 내 마음을 푸는 데 좋다며 자꾸 표를 구해 왔지. 사실은 뮤지컬 마니아인 고모한테 잘 보이려고 그런 거면서. 하하."

안나는 그제야 모든 의문이 풀렸다. 종찬이가 혹시 일진이 아닐까 의심했던 것이 미안해졌다. 안나는 종찬이에 대해 좀 더 알고 싶었다. 그래서 한 번 더 용기를 내어 물어보았다.

"선배는 꿈이 뭐예요? 선배 꿈도 알고 싶어요."

"안나 넌 나에 대해 궁금한 게 많구나? 근데 내 꿈이 뭔지는 나도 잘 모르겠는걸. 워낙 자주 바뀌거든. 영화감독도 되고 싶었다가 기자도 되고 싶었다가. 아, 요즘은 선생님이 되면 좋겠다는 생각이 들어. 최이고 선생님과 교장 선생님이 마음 써 주신 덕분에 학교생활이 꽤 즐거워졌거든. 나도 그분들 같은 선생님이 돼서 마음이 병든 아이들을 도와주면 굉장히 보람 있을 것 같아."

안나는 종찬이의 꿈이 정말로 멋있다고 생각했다. 게다가 만화 주인공같이 생긴 종찬이가 양복을 입고 교단에 서 있는 모습도 참 근사할 것 같았다.

"네 꿈은 뭐니?"

"저요?"

종찬이의 질문에 안나는 잠시 생각에 잠겼다. 포스터에서 '이렇다 할 꿈이 없는 1人'이라는 말에 이끌려 토요일의 심리 클럽에 온 안나였다. 지금까지 많은 심리 실험을 했지만 안나는 아직 자기 마음을 샅샅이 완벽하게 들여다보지는 못했다. 확실한 꿈을 찾지도 못했다. 하지만 이제는 예전처럼 불안하지도 초조하지도 않았다. 심리 실험을 통해 스스로의 마음을 더 잘 이해하게 되자 꿈을 찾아가는 발걸음도 한결 가벼워진 느낌이었다. 꿈을 향한 여정 위에선 안나는 설렘과 호기심으로 가슴이 뛰었다.

종찬이의 눈을 똑바로 바라보며 안나는 씩씩하게 대답했다.

"전 지금도 꿈을 찾고 있어요. 찾게 되면 꼭 선배한테도 알려 줄게요!"

• 차마 직접 할 수 없는 심리 실험 •
인간의 본성

'통섭'이란 말을 들어 보았나요? 평소에 여러분이 잘 쓰지 않는 생소한 말이지요? 국어사전을 펼쳐 보면 통섭(統攝)이란 "전체를 도맡아 다스림."이라고 풀이되어 있어요. 그런데 요즘 통섭은 하나의 이론을 가리키는 말로도 쓰이지요. 통섭 이론이란 인문학과 자연 과학을 따로따로 다룰 것이 아니라 그 경계를 가로지르며 통합적이고 포괄적인 시각에서 세상을 바라보자는 이론이랍니다.

이런 흐름 속에서 심리학과 진화론이 만난 진화 심리학이 요즘 들어 큰 관심을 받고 있어요. 토요일의 심리 클럽 마지막 시간에 진화 심리학과 관련된 심리 실험을 한 것도 그 때문이에요. 진화 심리학이란 말 그대로 인간의 심리를 진화론의 관점에서 설명하는 학문이지요.

사실 지금이야 이렇게 친하게 지내고 있지만 심리학과 진화론은 오랜 시간 동안 서로 데면데면한 사이였어요. 한때 사람들은 인간은 백지와 같은 상태로 태어나기 때문에 모든 감정은 태어난 이후 사회와 문화에 의해 만들어진다고 믿었지요. 사랑 같은 감정조차 본능적인 것이 아니라 후천적인 것이라고 여겼어요.

그렇다면 동물도 인간과 똑같은 환경에서 기르면 인간처럼 말하고 행동할 수 있을까요? 후천적인 환경이 중요하다고 굳게 믿었던 심리학자 윈스럽 켈로그는 그럴 거라고 생각했습니다. 그래서 1931년 7개월 된 암컷 침팬지 구아를 집으로 데려왔어요. 마침 윈스럽 켈로그에게는 10개월 된 아들 도널드가 있었지요. 윈스럽 켈로그와 그의 아내 루엘라는 구아와 도널드를 완벽하게 똑같이 길렀어요. 구아와 도널드는 함께 밥도 먹고 함께 놀이도 했어요. 비록 종은 달랐지만 친남매처럼 어울려 다녔지요.

윈스럽 켈로그는 정기적으로 구아의 발달 정도를 측정하는 테스트를 했어요. 하지만 결과는 영 신통치 않았답니다. 그렇게 정성을 다해 금이야 옥이야 키웠건만 구아는 인간다운 능력을 거의 학습하지 못했어요. 그중에서도 특히 언어 능력이 실망스러웠지요. 시간이 지나도 구아는 인간의 말을 하지 못했습니다.

오히려 뛰어난 학습 능력을 보인 쪽은 도널드였지요. 구아가 인간의 능력을 배우기는커녕 도널드가 침팬지의 능력을 배운 겁니다! 도널드는 침팬지처럼 걷기도 하고 구두를 물어뜯기도 했어요. 급기야는 어느 날 침팬지가 배고플 때 내는 울음소리를 따라 하며 밥을 달라고 졸랐지요. 그러자 윈스럽 켈로그는 9개월째 이어져 온 실험을 중지했어요. 아마도 그런 아들의 모습에 어지간히 놀랐나 보지요? 구아는 태어났던 곳으로

윈스럽 켈로그 Winthrop N. Kellogg, 1898~1972
미국의 심리학자. 자신의 아들과 침팬지를 9개월 동안 함께 키우며 성장 과정을 비교한 연구로 잘 알려져 있다. 동물 연구에 관심이 많았던 그는 돌고래가 초음파로 어떻게 의사소통을 하는지 연구하기도 했다.

돌려보내졌어요. 구아가 떠날 때 도널드가 슬퍼 울었는지는 잘 모르겠군요.

이 실험은 본능과 환경에 대한 기존의 믿음이 잘못되었음을 알려 주었습니다. 똑같이 먹이고 입히고 가르쳤는데도 인간과 침팬지가 다르게 자란 것은 둘이 서로 다른 본성을 가지고 있기 때문이라고 해석할 수 있으니까요. 우리 인간은 백지 상태로 태어나는 것이 아닙니다. 기나긴 시간을 거쳐 우리 조상들이 진화시켜 온 본능을 마음속에 지닌 채 태어나는 것이지요. 토요일의 심리 클럽이 카페에서 한 실험들이 보여 주듯이 말입니다.

그렇다고 진화 심리학에서 본능만이 마음을 결정한다고 여기고 환경의 영향력을 무시하는 것은 결코 아니라는 사실을 강조하고 싶군요. 진화 심리학이 진화론이라는 틀을 이용하는 것은 우리 자신을 잘 이해하기 위해서지요. 모든 심리학이 그렇듯이 말입니다.

안녕, 토요일의 심리 클럽!

심란한 청소년을 위한
즐거운 심리학의 유혹

새 학년도 계발 활동 '토요일의 심리 클럽'을 모집합니다.

내 마음을 나도 모르겠다고요?
마음이 헷갈리는 여러분을 위해 심리학이 출동했습니다.
다양한 심리 실험을 직접 체험하며 '진짜 나'를 찾아보세요.

다음의 학생을 우선 선발합니다.

→ 마음이 하루에 열두 번도 더 바뀌는 1人
→ 좋아하는 친구의 심리 상태를 알아내고자 하는 1人
→ 인간의 마음을 과학적으로 탐구해 보고픈 1人
→ 평소 심리 테스트를 즐겨 하는 1人
→ 심리학자가 되고 싶은 1人
→ 이렇다 할 꿈이 없는 1人

" 마음은 빙산과 같다.
커다란 얼음 덩어리의 일부만이
물 위로 노출된 채 떠다닌다. "

— 지그문트 프로이트

"다 붙였다!"

안나가 뿌듯해하는 목소리로 외쳤다.

새 학년이 시작된 3월의 어느 날, 안나는 학교 안 곳곳에 토요일의 심리 클럽 포스터를 붙이고 있었다. 물론 용이와 선아도 함께였다. 작년과 달리 포스터에는 안나의 그림이 들어가 있었다.

"안나 네 그림이 포스터를 살리는데. 눈에 확 띈다."

"안나 언니, 나중에 만화가나 일러스트레이터가 되는 거 어때?"

용이와 선아의 칭찬에 안나는 말없이 혀를 쏙 내밀며 웃었다. 안 그래도 요즘 들어 그림 그리는 것이 자꾸 좋아지는 안나였다.

"안나 언니, 이제 찍어서 보내자."

선아의 재촉에 안나는 방금 붙인 포스터를 휴대폰 카메라로 찍었다. 그런 다음 주영이와 종찬이 그리고 최이고 선생님에게 사진을 전송했다.

용이가 안나에게 물었다.

"선생님은 영국에서 언제 돌아오신댔지?"

"모레쯤이었나? 하여튼 다음 주에 첫 번째 모임이 있기 전까지는 꼭 온다고 하셨어."

선아가 괜스레 입을 삐죽 내밀었다.

"선생님도 참. 여자 친구 두고 혼자 여행 가실 게 뭐람. 누가 보면 여자 친구한테 차이고 이별 여행 하는 줄 알겠네."

안나는 씩 웃으며 말했다.

"혼자 여행하는 게 어때서. 그리고 어차피 결혼하기로 약속했으니까 나중에 같이 신혼여행 가실 거잖아."

그때 문자 메시지가 연이어 도착했다. 예상대로 주영이와 종찬이였다. 안나는 재빨리 문자 내용을 확인했다.

"주영이 언니가 뭐래?"

"종찬이 형은?"

"주영이 언니는 이렇게 보냈어. '나도 같이하면 좋을 텐데 아쉽다. 심리학자가 되기 위해 학기 초부터 열공 중이라오. ㅋㅋ 대신 카페에 글 많이 올릴게.' 그리고 종찬이 오빠는 '포스터 멋있다.' 이렇게 한마디만 보냈네."

"하여튼 형은 시크하다니까."

용이는 툴툴거렸지만 그래도 안나는 종찬이의 문자가 기분 좋았다.

선아가 고개를 갸우뚱하며 물었다.

"근데 선생님은 문자 없네?"

"지금 점심시간이니까 영국은 새벽일걸? 선생님은 아직 일어나지도……."

그 순간 안나의 휴대폰이 "딩동!" 하고 울렸다. 뜻밖에도 선생님의 문자였다. 세 아이 모두 눈이 동그래졌다.

안나는 선생님의 문자를 큰 소리로 읽었다.

"다들 잘하고 있구나. 나는 사흘 뒤 귀국할 예정이야. 너희를 다시 보게 될 것도, 새 친구들을 만나게 될 것도 모두 기대된다. 토요일의 심리 클럽, 파이팅!"

안나, 용이, 선아는 서로의 눈을 바라보다가 선생님의 문자를 따라 함께 외쳤다.

"파이팅!"

아이들은 까르르 웃음을 터뜨렸다. 그러더니 용이가 입맛을 다시고 배를 문지르며 말했다.

"아, 일을 했더니 배가 고프네. 포스터 다 붙였으니까 매점에서 뭐 사 먹자."

안나는 용이와 선아와 함께 매점으로 가다가 문득 발걸음을 멈추고 뒤를 돌아보았다. 한 남자아이가 포스터 앞에 서 있었다. 포스터를 골똘히 응시하는 모습이 마치 일 년 전 안나 자신을 보는 것 같았다.

안나는 씩 웃으며 몸을 돌렸다. 그리고 경쾌한 걸음으로 다시 걷기 시작했다.

　이 글을 쓰고 그림을 그리면서 저희의 청소년기를 떠올리곤 했어요. 커서 무엇이 되어야 할지 모르겠고, 성적은 욕심만큼 따라 주지 않고, 집도 학교도 답답하고, 세상은 부조리로 가득해 보이고, 아무도 내 맘을 몰라주는 것 같고⋯⋯. 또다시 그때를 떠올리니 "아이구야!" 하는 감탄사가 절로 나오는군요. 요 모양 요 꼴이었던 저희 모습이 하나로 모여 이 책의 주인공 안나가 탄생했답니다.

　저희가 청소년기를 지난 지도 꽤 시간이 흘렀네요. 하지만 여전히 우리 사회에는 안나가 참 많은 것 같아요. 안나는 지금 이 순간 한창 사춘기를 통과하고 있는 많은 청소년들의 모습이기도 합니다.

　청소년기를 슬기롭고 보람 있게 보내기 위한 방법으로는 여러 가지가 있어요. 어른들이 귀에 딱지가 앉도록 강조하는 공부가 유일한 방법은 아니죠. 몇 가지 꼽아 볼까요? 운동하기, 고전 읽기, 봉사 활동하기, 여행 다니기, 그림 그리기, 음악 듣기⋯⋯.

　여기에 하나 더하자면 저희는 '심리학 가지고 놀기'를 권하고 싶어요. 심리학은 곧 인간의 마음을 탐구하는 학문이죠. 심리학을 통해 인간의 마음이 작동하는 원리를 이해하다 보면 청소년 여러분이 스스로를 바라보는 마음의 눈이 좀 더 커지게 될 거예요. 또 이 사회를 바꾸는 힘도 여러분 마음 안에 있다는 것도 알게 될 거예요.

　그런데 왜 '심리학 공부하기'나 '심리학 알아보기'가 아니라 '심리학 가지고 놀기'냐고요? 물론 학문적으로 접근하거나 심리 치료용으로 이용하는 것도 의의가 있지만 그것으로만 그치기에 심리학에는 커다란 즐거움이 담겨 있거든요.

　저희가 심리학 강의를 듣고 심리학 서적을 읽으며 가장 재미있어했던 것, 그래서 친구들에게 "이거 알아?" 하며 이야기하곤 했던 것, 그것은 바로 심리학 역사 속의 수많은 심리 실험들이었죠. 우아, 어쩌면 이렇게 기발한 심리 실험을 고안해 냈을까? 어떻게 이런 예상 밖의 결과가 나왔을까? 내가 이 실험의 참가자였다면 무슨 반응을 보였을까? 신기해하며 생각하다 보니 심리학이 친구처럼 가깝게 느껴졌답니다. 여러분도 토요일의 심리 클럽과 함께 심리 실험을 하며 심리학과 친구가 되어 보실래요?

　마치 저희가 사춘기의 혼란을 완전히 끝낸 덕분에 이런 조언을 건네는 것 같지만 사실은 전혀 아니랍니다. 청소년이었던 저희에게는 한 가지 희망이 있었죠. 이 시기를 지나 어른이 되기만 하면 혼란은 사라지고 확신과 자신감이 그 자리를 채울 거라는 희망. 그래서 어른이 될 날만을 손꼽아 기다렸어요.

　어라, 그런데 아니더라고요. 대학생이 된 후에도, 사회인이 된 후에도 마음은 시시때때로 이리저리 왔다 갔다 했어요. 뜻하지 않은 시련에 당당히 맞서지 못하고 회피하기만 했어요. 꿈을 찾았다고 생각하면서도 과연 내게 재능이 있을까 고민했어요. 안나는 청소년기의 저희 모습일

뿐 아니라 바로 지금 저희 모습이기도 해요.

　이 책은 이렇게 끝나지 않고 이어지고 있는 기나긴 사춘기의 결과물이죠. 이 책을 만들며 지금의 저희와 청소년기의 저희가 만나 서로를 다독이는 느낌을 받았답니다. 그 느낌이 이 책을 통해 여러분에게도 전달되었으면 좋겠어요.

　이 책은 '창비 청소년 도서상'을 받은 덕분에 세상에 나올 수 있었습니다. 청소년을 위해 이 상을 제정한 창비와, 귀한 기회를 주신 심사위원님들께 감사드립니다. 또한 부족한 글과 그림이 책의 모양을 갖추도록 정성을 다해 주신 편집부의 이지영 팀장님과 이재희 디자이너님께 온 마음을 담아 감사 인사를 드립니다.

　세상에 대한 시야를 넓혀 주신 선생님들, 사춘기가 유난히 긴 저희를 감내해 주고 있는 친구들과 동료들 그리고 가족에게도 고마움을 전하고 싶습니다.

2011년 겨울

김서윤, 김다명

참고 문헌

『괴짜 심리학』, 리처드 와이즈먼 지음, 한창호 옮김, 웅진지식하우스 2008

『그림으로 읽는 생생 심리학』, 이소라 지음, 그리고책 2008

『내 마음속 1인치를 찾는 심리 실험 150』, 세르주 시코티 지음, 윤미연 옮김, 궁리 2006

『내 아기를 더 잘 이해하기 위한 심리 실험 100』, 세르주 시코티 지음, 윤미연 옮김, 궁리 2007

『당신의 고정 관념을 깨뜨릴 심리 실험 45가지』, 더글러스 무크 지음, 진성록 옮김, 부글북스 2007

『보이지 않는 고릴라』, 크리스토퍼 차브리스 · 대니얼 사이먼스 지음, 김명철 옮김, 김영사 2011

『비합리성의 심리학』, 스튜어트 서덜랜드 지음, 이세진 옮김, 교양인 2008

『사랑의 발견』, 데버러 블룸 지음, 임지원 옮김, 사이언스북스 2005

『설득의 심리학』, 로버트 치알디니 지음, 이현우 옮김, 21세기북스 2002

『쉬나의 선택 실험실』, 쉬나 아이엔가 지음, 오혜경 옮김, 21세기북스 2010

『스키너의 심리 상자 열기』, 로렌 슬레이터 지음, 조증열 옮김, 에코의서재 2005

『심리 상식 사전』, 마테오 모테를리니 지음, 이현경 옮김, 웅진지식하우스 2009

『심리학 오디세이』, 장근영 지음, 예담 2009

『심리학, 즐거운 발견』, 애드리언 펀햄 지음, 오혜경 옮김, 북로드 2010

『오래된 연장통』, 전중환 지음, 사이언스북스 2010

『왜 나는 눈앞의 고릴라를 못 보았을까?』, 리처드 와이즈먼 지음, 박종하 옮김, 세종서적 2005

『우리와 그들, 무리 짓기에 대한 착각』, 데이비드 베레비 지음, 정준형 옮김, 에코리브르 2007

『위험한 호기심』, 알렉스 보즈 지음, 김명주 옮김, 한겨레출판 2008

『인간의 두 얼굴: 내면의 진실』, EBS「인간의 두 얼굴」제작팀 지음, 지식채널 2010

『인간의 두 얼굴: 외부 조종사』, EBS「인간의 두 얼굴」제작팀 지음, 지식채널 2010

『즐거운 일상을 만드는 심리 실험 이야기』, 시부야 쇼조 지음, 이규원 옮김, 일빛 2003

『춤추는 뇌』, 김종성 지음, 사이언스북스 2005

『칭찬은 고래도 춤추게 한다』, 켄 블랜차드 외 지음, 조천제 옮김, 21세기북스 2003